ラテラル・シンキング入門

発想を水平に広げる

ポール・スローン［著］
ディスカヴァー編集部［訳］

THE GUIDE TO LATERAL THINKING SKILLS

PAUL SLOANE

Discover
ディスカヴァー

はじめに

「ラテラル・シンキング」、それは、前提を疑い、視点を変えることでイノベーションを起こす思考力だ。

仕事で常に待ち受ける誘惑とは、
「昨日」にえさを与え、「明日」を飢えさせること。
あらゆる組織にはすべてを捨てる覚悟が必要だ。

——ピーター・ドラッカー

懸命に改善するより、賢明な別の方法を探せ！

仕事もゲームも会社も、どうしたらいいかわからないというステージに入り込むことがよくある。そんなときは、何とか知恵を絞って解決しなければならない。

ところが、組織というものはたいてい、これまでとはまったく違う、新しい変化に抵抗を示す。で、これまでやってきたのと同じ方法で、切り抜けようとするわけだ。

たとえば、ＡからＢまで歩いていく方法を習ってきたとすると、今度は、ＢからＣまで、もっと速く歩こうとする。つまり、もっと頑張って、もっと効率よく歩こうと、改善を重ねるわけだ。でも、それでは、Ｃへはたどり着かない。

必要なのは、
懸命に働くことではなくて、賢明に働くこと、
つまり、別のやり方をとることなのだ！

歩くだけが、BからCに至るよい方法というわけではない。自転車で行ってもいいし、車で行ってもいい、馬でもいいし、ヘリコプターだっていい。目的は、効率よく歩くことではなくて、地点Cにたどり着くことなのだから。

手段は、自転車でも、自動車でも、馬でもよかった。ヘリコプターという手もあっただろう。

その気になって探せば、今やっている方法以外にも、組織がゴールを達成するもっといい方法がきっとある。もし見つけられないとしたら、物を限られた視点からしか見ていないからだ。

多くの組織は、それまでの成功体験に基づき標準化してきたやり方に固執する。そのやり方を「改善」することには熱心だが、「別の」やり方を見つけようとはしない。

経営学の権威、ゲイリー・ハメルの言葉を借りれば、「たいていの企業は、持続的な改善を目的としているのであって、継続性のない革新には消極的だ。もっと上手になることはあっても、違うやり方をとることはない」。

人も組織も、基本的に、変化を嫌う。放っておけば、それまでと同じことを繰り返そうとする。でも、成功している企業とそのリーダーたちは違う。成功に気を許して、革新への速度を緩めたりはしない。

たとえば、
パソコンのプロセッサ事業を独占していたインテルの経営哲学は、
自社をライバルとすることだった。

つまり、すでに出回っている、自社の主力のプロセッサ市場を奪うべく、より優れた商品を次々と開発していくことだ。会長のアンディ・グローブは、今の地位に安穏としていると、確実に、革新的な他者に出し抜かれることになることを知っていたのだ。

ジレットもそうだ。ジレットのポリシーは、
自社の製品を旧式化させていくことだ。

同社の主力シェーバーであったExcelは、同じく同社の、SensorやSensor2にその座を奪われた。インテルと同様、ジレットが新商品を送り出すときには、常にそれに取って替わる新商品の開発に取りかかっているのだ。

ビジネスというゲームは、自分自身を追い続ける終わりのないレースなのだから。


一九七〇年代後半、スイスの時計産業は壊滅の危機に瀕した。日本企業が大量にもたらした安くて高性能の電子時計のために、オメガやロンジン、ティソなどの伝統あるブランドは窮地に追いこまれていた。

これを救ったのが、ニコラス・ハイエクだ。

彼は、スイスの最大手の時計メーカーであるASUAGとSSIHの合併を含む一つの計画を発案した。低コストでハイテク仕様、楽しくてファッショナブルな時計、「スウォッチ」の誕生である。


それは、伝統的な組織の中からは決して出てこない斬新な発想だった。

五年と経たないうちに、新会社は世界最大の時計メーカーとなり、ハイエクはその会長となった。スウォッチは、その楽しさ、ファッション性、コレクション性によって、時計産業の常識を書き換えたのである。

変化でも創造でもなく、イノベーションを目指せ！

スウォッチが行ったことは、まさに、イノベーションである。
それは、「変化」や「クリエイティビティ」とはどう違うのか？　ここで整理しておこう。

変化　違うものにすること。ある状態から別の状態に移行すること
クリエイティビティ　何かを創り出す能力。素質。創造的な状態
イノベーション　新しいものを世に出していくこと。新しさを表現する物事
ラテラル・シンキング　論理的段階を踏むより、問題への新しい見方を探す思考法

まず、「変化」。変化は、ある状態から別の状態に移行することである。

変化は、必ずしもイノベーションを必要とはしない。

ある教会がスポーツジムに鞍替えしたとしたら、かなりラジカルな変化を遂げたことになるだろうが、イノベーションを起こしたとは言えない。スポーツジムは、ほかにもたくさんあるのだから。

けれども、その教会が、祈祷会とエアロビクスのクラスを組み合わせたとしたら、これはイノベーションだ！　それまで、そんなものはなかったからだ。

同様に、社員の半分をリストラしてコスト削減を行った企業は、大きく変化するだけだが、商品の販売方法、販売チャンネルに、根本的に新しい方法を企業が見つけたとしたら、それはまさに、イノベーションを起こしたことになる。

変化は、
違うものにつくり替えたり、ある状態から、別の状態に移行すること。
イノベーションは、
それまで存在しなかったまったく新しいものになること。

図１　変化とイノベーションの違い

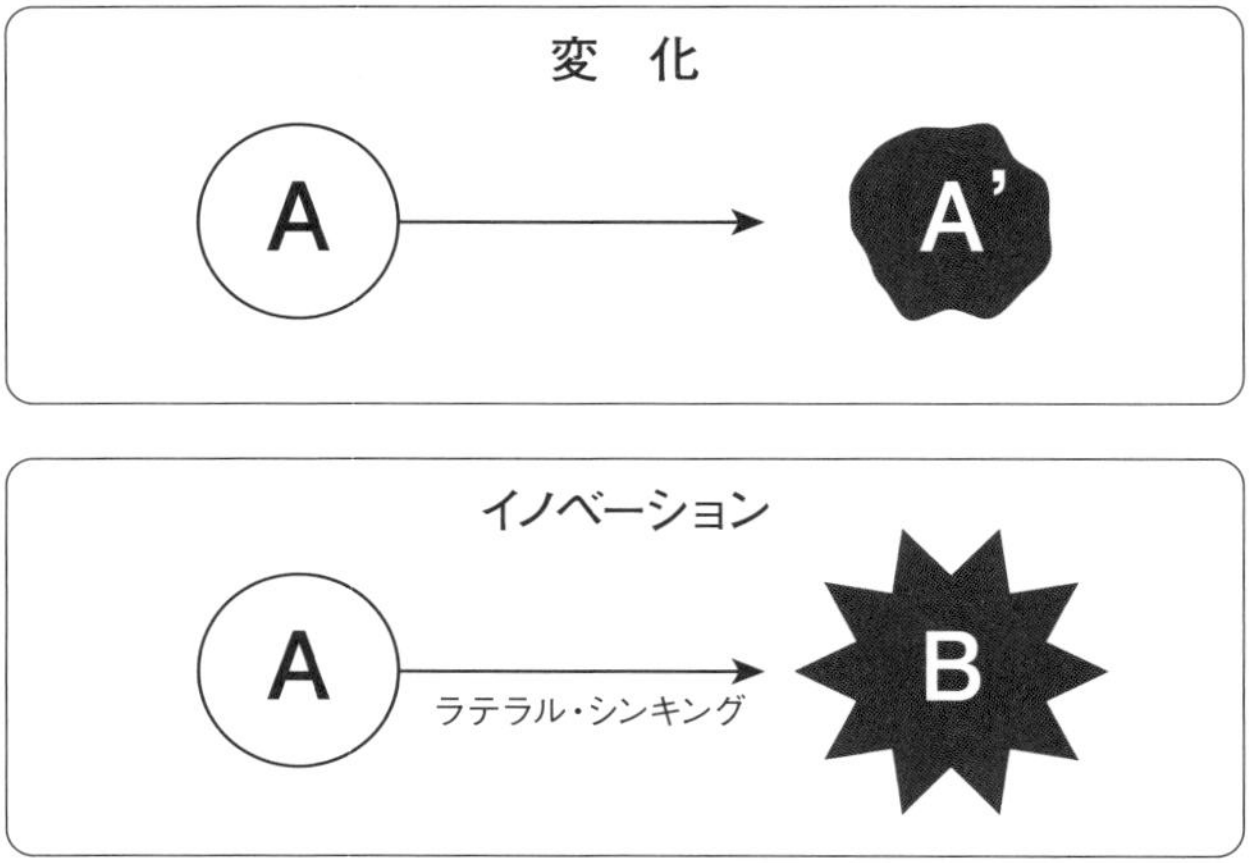

次にクリエイティビティだ。「クリエイティビティ」とか「創造性」とか「アイデア」といった言葉に私たちは弱いが、創造的な人や組織が、必ずしもイノベーションを起こせるわけではない。

クリエイティビティとは、
創造する能力や才能である。
つまり、アイデアを生み出すことだ。
一方、イノベーションとは、
アイデアを採用して実行することである。

つまり、クリエイティビティは目的への手段にすぎない。ときどき、これが目的になってしまっている人や組織があるが、それでは、目的地にたどり着かない。

では、目的とは何かといったら、それがイノベーションだ。

そして、イノベーションをもたらす思考法を、「ラテラル・シンキング」(水平思考)という。

「ラテラル・シンキング」とは何か

「ラテラル・シンキング」(水平思考)というのは、一九七〇年、創造的教育の研究者エドワード・デ・ボーノ博士が提唱した発想法だ。従来の、原因から結果が生まれるという前提に立った「直線的な」因果関係思考へのアンチテーゼとして生まれた。

いわゆるクリエイティブ・シンキング(創造的思考)が、イノベーションに結びつくかどうかとは関係なく、新しい見方を一般的に表す言葉であるのに対し、「ラテラル・シンキング」は、**あくまでもイノベーションに向けた新しい見方であると同時に、そうした革新的な見方ができるようになるためのテクニック**でもある。

例をひとつあげてみよう。

二〇世紀の初頭までは、すべての店舗が対面販売の形態だった。お客さまがカウンターにやってきて、店員がお客さまの希望する商品を店の中から出してくるというわけだ。

一九二〇年代、マイケル・カレンという男が新しい発想をした。

「店の形態を変えて、お客さんに欲しい商品を自分で選んでもらって、最後にお金を払う仕組みにしたらどうだろう？」

当然のごとく、多くの人がこの意見に反対した。

「お客さんはサービスを受けることを望んでいるのであって、全部自分でするなんて望んでいない」

「全部の商品に値札をつけないといけないし」

「店員がいなかったら、お客さんは戸惑うだろう」

「お客さんに店の中をうろうろさせるなんてありえない」

しかし、カレンは主張を押し通した。そして、世界最初のスーパーマーケット、キング・カレン・ストアをニュージャージーにオープンさせたのである。

なんてシンプルで、そして強力なアイデアだろう！

お客さまにセルフサービスしてもらうというほんのささやかな発想が、やがて町全体の様相をも一変させた。小さな店が寄り集まっていた昔ながらの大通りが、大型のセルフサービスのスーパーが立ち並ぶ通りに様変わりしたのである。

もし、彼が単に新しい商売を始めるだけだったら、その商売が当たったとしても、それは単なる創造力の発揮にすぎなかった。でも、彼が行ったのは、販売システムそのものに、

まったく新しい見方をもたらすことだった。

そして、それを実行することだった。

つまり、スーパーマーケットというものを生み出したのだ！

マイケル・カレンは、まさにラテラル・シンキングを行ったわけだ。

現在、私たちが求めているのも、こうした新しい見方のできる能力であり、それをもった人材のはずだ。単なる創造力で、効率のよい歩き方を生み出すことではなくて、ヘリコプターを用意する着想と実行力、そしてそういう思考のできるリーダーだろう。

それができるリーダーは、チームを真に創造的な部隊に仕立て上げ、思いもよらない方法で難関を突破していくにちがいない。

ここで、よく出てくる疑問が、

「物事の見方を根本的に変えてしまうような創造力は、誰もが発揮できるようなものだろうか？」

「生まれながらにして、その資質をもつ限られた人だけが発揮できるものなのではないか？」

というものだ。

その答えは、「一部の人は生まれつき、より創造的であるが、誰にでも創造的な能力はある」というものだ。**誰でも、もっと多くのよいアイデアを生み出すスキルを学ぶことができる。**また、学んでいくべきである。本書は、そのためにある。

実はこの「ラテラル・シンキング」、その力を養うために考案された「水平思考パズル」が、新型の論理パズルとして有名になってしまったきらいもある（その責任？の一端は、私にもある）。

たしかに、「水平思考パズル」は、既成概念の殻を破り、新しい見方をしなければ解けないので、新しい思考力を鍛える練習問題として、非常に有効だ。

本書でも、いくつかのクイズを用意したが、いずれもが、あなたのビジネスの場において起こっても不思議のない「問題」であるはずだ。

しかし、創造的な問題解決の方法を思いついたとしても、それを実行する実行力がなければ、イノベーションは起こせない。

もし、クイズがおもしろいように解けるとしたら、どうか、その創造力をクイズだけにとどめることなく、あなたのチームと会社と、そして、あなた自身の人生の革新に用い、それらを成功へと導いていっていただきたい。

＊本書は、２００７年に出版した『イノベーション・シンキング』（小社刊）を改題、再編集したものです。

あと一人分の座席

ある寒い雨の夜、
あなたはスポーツカーを運転していた。
バス停を通過したとき、三人の姿を見た。

一人は二〇年ぶりに見る学生時代の親友。
一人はあなたの理想の異性。
そしてもう一人は重病の老婦人。
しかし、車にはあと一人分の座席しかない。
あなたも含め、すべての人が満足する方法は？

↓
答えは258ページ

THE GUIDE TO LATERAL THINKING SKILLS

ラテラル・シンキング入門——発想を水平に広げる

もくじ

Part 1 ラテラル・シンキングができるようになる10の方法

方法2 ― 探り出すような質問をする

方法3 ― 見方を変える

Part 2
ラテラル・シンキングができるチーム・組織づくり

Part 1

ラテラル・シンキングができるようになる10の方法

方法1

前提を疑う

最良の前提は、ありふれた信念は
すべて間違えているというものだ。

—— DEC社CEO、ケン・オルソン

「カワカマス症候群」に陥っていないか？

イノベーションのための思考法、すなわちラテラル・シンキングを身につけるための最初のステップは、前提を疑うことだ。これまでの経験に基づく常識、想定、思い込み、先入観、仮説と言ってもいいかもしれない。

やっかいなのは、それがあまりにも当然のこととして、無意識のうちに私たちの日常の物の見方を規定していることだ。つまり、自分がどういう前提に基づいているかがわからない。

これについて、よく用いられるカワカマスの実験をご紹介しよう。

カワカマスというのは、大型の肉食淡水魚で、小魚が餌だ。で、一匹のカワカマスを、たくさんの小魚の泳ぐ水槽に入れる。ただし、この水槽には、真ん中にガラスの板があって、小魚の群れとカワカマスは仕切られている。

そうとは知らぬカワカマスは、小魚に何度も飛びかかろうとするが、そのたびにガラスの仕切りに激突し、鼻先を痛めてしまうころになって、ようやくあきらめた。

そこで、今度はその仕切りをそっと取り外し、水槽中を自由に泳げるようにしてやった。ところが、カワカマスはガラスの板で仕切られていた付近を相変わらずぐるぐる泳ぐばかりで、小魚を捕まえようとしない。

食べようとしても無駄で、痛い思いをするだけだと学んでしまったからだ。

このように、状況の変化に適応しないで、誤った固定観念をいだきつづけることを、「カワカマス症候群」という。

実際、私たちも、カワカマスのような行動をしている。これまでの経験と方法で、問題に当たろうとする。そこには、無意識のうちに持っている前提と先入観が伴う。

その「前提」「先入観」こそが、
私たちを革新的なアイデアから遠ざける障害だ！

ユニロイヤル・グッドイヤーのＣＥＯチャールズ・エームズは、「組織の至るところに見られる既成の概念におとなしく従ってしまうことが、才能を浪費し、成果を乏しいものにしている」と語っている。

定義の中に含まれる前提を疑う

問題の立て方の中に、解決を妨げる前提が含まれていることもある。

たとえば、中世の天体学の定義は、「重い物体がなぜ地球の周りを回るのかについての学問」だった！

定義そのものに、地球が宇宙の中心であるという前提が含まれてしまっていたわけだ。

一五一〇年、ニコラス・コペルニクスは、太陽が太陽系の中心であり、ほかのすべての星は自転しながらその周りを回っていると確信したが、生涯、その論文を公表しようとはしなかった。それがいかにたいへんな論争を引き起こすことになるかわかっていたからだ。地球が宇宙の中心であるという考えは、あまりに強く一般に根づいていたため、それを覆すのは容易なことではなかった。

定義自体に、仮説が含まれてしまっているもう一つの例は原子だ。

かつて、原子は物質の最小単位だと定義された。つまり、これ以上分割できないということだ。それが、科学者たちが、さらに原子を分割してみようと思いつく妨げとなった。

ビジネスにおいても、同じようなことはたくさんある。

たとえば、大半の戦略や決定の根拠となっている仮説がそうだ。それらはあまりにも基本的なことなので、誰も疑おうともしない。

経験や事実からの推測を疑う

経験を積み専門家として熟練するほど、既知の事実や経験から推定し、結果を予想しがちだ。一九〇一年、若き技師のイタリア人、グリエルモ・マルコーニが、イギリスにやってきた。電波は、大西洋を越えて送受信できるという彼の理論をテストするためだ。

専門家はみな嘲笑した。当時、電波が直進することと、地球が巨大な球体であることが知られていたので、水平に電波を飛ばせば、そのまま地球の接線上を無限の空間に向かって進んでいってしまうのが当然だと考えたのだ。

図２　前提の壁

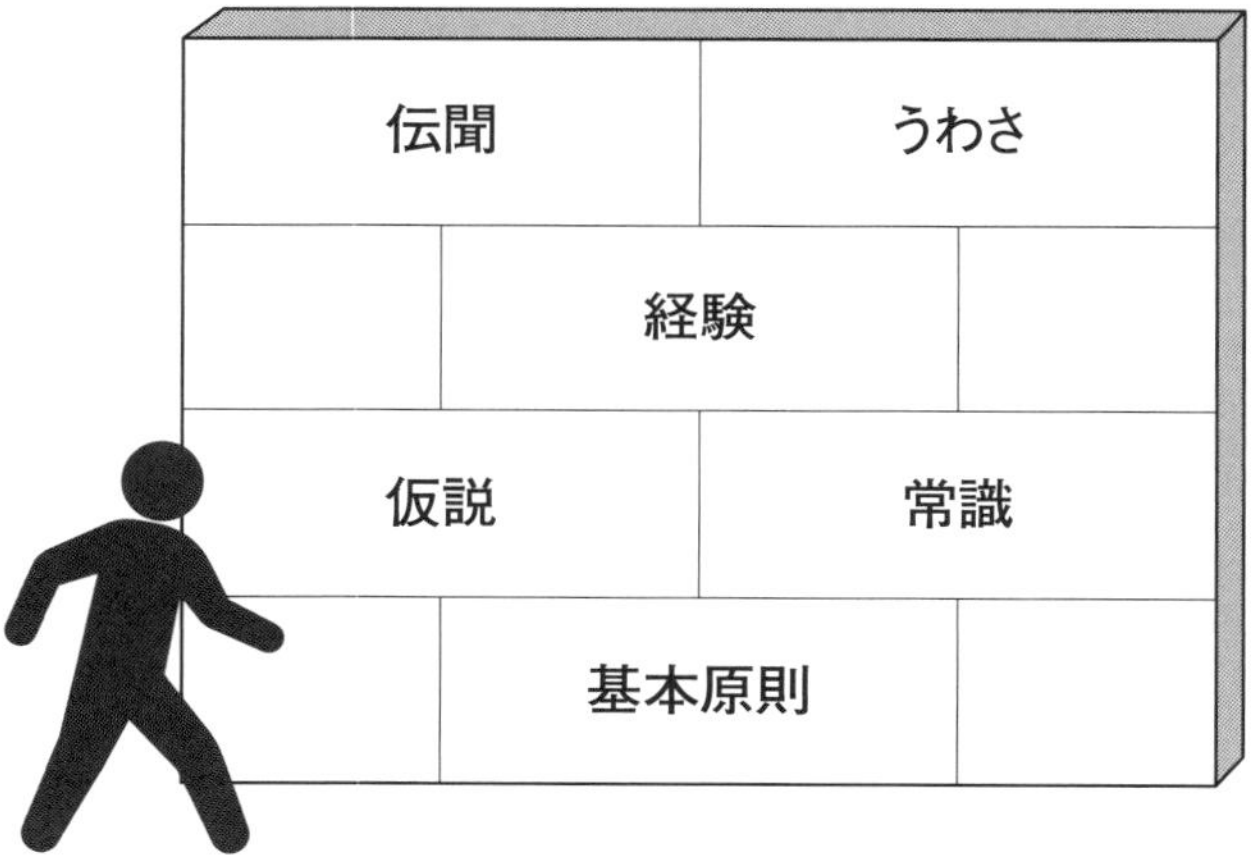

けれども、マルコーニはその無謀とも言える実験に固執し、送信機をイギリスのコーンウォールに、受信機をカナダのニューファンドランドに設置した。そして、驚くべきことに、電波は大西洋を越えた。彼の実験は成功したのだ。

マルコーニ本人も他の専門家たちも知る由もなかったが、地球の周囲には、電波を反射する帯電した大気の層、電離層が存在していたからだった。

科学者たちは、電波は直進し、地球は球体であるという事実に基づき、理にかなった結論を出した。その事実だけで十分だと思い込んでいたからだ。

しかし、十分ではなかった。そこにはさらに、方程式を覆す未知の事実があったのだ。

ヘンリー・フォードは偉大な実業家で、必要に応じて、独裁者的な従来型リーダーとして振る舞うこともあれば、社員の創造力を触発するラテラル・シンキング型リーダーとなることもできた。彼は、流れ作業という新しい手法で、製造業を一変させた。

彼が、上級職の志願者をランチに連れて行ったときの話がある。スープが出されたとき、その志願者は味を見ないで塩をふった。

フォードは彼を採用しなかった。彼は、味見をする前に、スープには塩が必要と決めてかかっていたからだ。フォードはこのような、先入観に基づいて状況を判断するような人物とは働きたくなかったのだ。

私たちは、経験を通じて、いくつもの仮説を積み重ねていく。それはまるで、視界を遮る壁のようだ。常識、仮説、経験、伝聞、人のうわさなどが積み重なってできた壁だ。

私たちは、三六〇度自由に周囲を見回すかわりに、視野を狭い範囲に限定してしまっているのだ。

過去にうまくいったことが現在もうまくいくと思うな

第一次世界大戦の後、イギリスとフランスの最高司令部は、ドイツ軍との再戦があるとしたら先の大戦と似た交戦――巨大な二つの軍隊による大規模な遭遇戦――になると想定した。

そこでフランスは、ドイツとの国境線上に防衛のための大規模な要塞線を構築した。いわゆるマジノ線（戦時中のフランス首相、M・マジノに由来）で、北は中立国のベルギー、南は同じく中立国のスイスにまで及んだ。

しかし一九四〇年五月、ドイツ軍の将軍たちは、ブリッツクリークと呼ばれる、移動速度の速い新しい戦術を開発していた。動力装甲車の師団と落下傘部隊を擁するものである。ドイツ軍はマジノ線を出し抜き、中立国のオランダとベルギーを瞬く間に通り抜けた。フランスは五週間で陥落した。

上級管理職は、過去の戦闘で学んだ戦術で、現在の戦いを率いる将軍だ。アメリカ軍がベトナムで苦しんだ理由の一つは、将軍たちが朝鮮と同じような戦い方をしたからだ。戦争は、科学技術や、地形、戦術面において、それぞれ異なるものだ。同じように、それぞれの仕事の問題も異なる。以前に機能したこと、しなかったことに基づく前提に従って決定を下すことは、選択肢を狭め、よい解決策を見えなくするおそれがあるのだ。

当然だと思っている日常の物事を疑う

前提を疑うというのは、当然だと思っている日常の物事を疑ってみることだ。たとえば重力。重力は紛れもない事実だ。しかし、世界最大の航空機メーカー、ボーイング社が、実験的に反重力計画というものに取り組んでいることが報道された。これを支えている理論をハードウェアに設計できれば、過去一世紀の航空宇宙の推進力技術を覆すことになるという。

シアトルにあるボーイングのファントムワークス高度研究開発所は、反重力装置を開発したと語るロシアの科学者に協力を持ちかけている。

これが飛躍的な発明であったか、不毛な期待にすぎなかったかは、いずれ、時が明らかにしてくれるだろう。でも、なんであれ、ボーイング社の人々には、最も根本的な前提を疑うだけの心構えがあるということは認めるべきだろう。

ゲームのルールを変えてみる

一九九〇年代、マイクロソフトは、パソコンのアプリケーション市場を独占した。その直前、一九八〇年代末期までは、表計算ソフトではLotus1-2-3、データベースソフトではアシュトンテイトのdBASE Ⅲ、ワープロソフトではWordPerfect、プレゼンテーションソフトではHarvard Graficsがそれぞれ主流だったのに、一九九〇年代半ばには、すべてマイクロソフトの製品——Excel, Access, Word, PowerPointに置き換えられてしまった。

マイクロソフトは、デスクトップ・アプリケーション市場において九〇パーセントのシェアを誇り、再販、小売の販売網を支配し、競合製品を送り込もうとする他社を締め出した。

ところがだ。ある小さな企業が新製品を市場に売り込む手段を見出したのだ。ネットスケープ社だ。

同社は既存の販売ルートを無視し、そのブラウザソフト、Netscape Navigator をインターネット上で無料で配布した。そして、その後、アップグレード版やプロフェッショナル・ヴァージョンを出して料金を課す、という方法をとったのだ。

この斬新なやり方は大成功で、同社はブラウザ市場の最大手になった。いわばマジノ線とも言える、マイクロソフト社の販売網に対し、ネットスケープ社は、インターネットという新戦術で、その防御の側面を突き、市場を直撃したのである。

その脅威を悟ったマイクロソフトは、いったんは後手に回ったものの、すぐに反撃に転じる。自社のブラウザソフト、Internet Explorer をインターネット上で無料で配布し、さらにＯＳの Windows に無料添付した。このため、ネットスケープはブラウザ市場での首位の座を失い、ポータルサイトやオープンソフトの供給者となった。

しかし、これには新たな展開が続く。米国司法省がマイクロソフトのＯＳ、Windows とブラウザの一括販売を不正な手法と判断したのである。

ここでの教訓は、強力な市場のリーダーに挑むとき、正面からまともに挑むべきではなく、ゲームのルールを変える途を探すことだ。

ダビデはゴリアテと戦うとき、彼と同じ武器は使わなかった。七フィートの槍を持つ巨人と戦うのに、四フィートの槍で挑んでも勝ち目はない。ダビデが投石器を使ったように、違った手段が必要なのだ。

常に自分たちを弱者だと思え

逆に、自分の会社が市場のリーダーなら、慢心してはいけない。革新的な小さな企業が、今まさに驚くべき攻撃を企てているかもしれない！

現在、有利な立場にある企業は、成功によって生まれるさまざまな前提、先入観にとらわれてしまっている可能性が非常に高い。どうしても、成功しているのだから間違ってはいないと考えてしまうのだ。

この発想に陥ることを防ぐ一つの手段は、自分を弱者と思うことだ。フィル・ナイトは、スポーツシューズ市場を支配するナイキのＣＥＯである。彼は、ナイキは業界のゴリアテであるが、常にダビデのように振る舞うつもりだ、と述べたと言われている。

偉大な人たちはいかに誤ったか？

偉大な権威者であるほど、誤った前提を採用したり、新しいアイデアへ否定的な見解をしたりするものだ。これから、その事例を挙げてみよう。

○サイモン・ニューカム（一八三五―一九〇九）は、当時のアメリカを代表する天文学者で、天文学と数学の教授だった。彼は、空気より重い物体の飛行は絶対に不可能だと断言し、ライト兄弟が初飛行を行った後も、飛行機は非実用的であり、価値がないと主張し続けた。

○ディオニシウス・ラードナー博士（一七九三―一八五九）は、ロンドン大学の博物学と

天文学の教授だった。彼は、高速で走る列車は、空気が不足して乗客を窒息させると警告した。また、蒸気船では大西洋を横断できないとも言った。必要な量の石炭を積めないというのがその理由だ。

○エルンスト・ヴェルナー・フォン・シーメンス（一八一六―一八九二）は、電信機を発明・製造し、彼の名前のついた会社を創設したドイツの偉大な技術者だ。彼は断言した。「電球は決して、ガスの代わりにはならないであろう」。

○サミュエル・ピープス（一六三三―一七〇三）は、イギリスの著名な作家だ。彼はその有名な日記の中で、シェイクスピアの演劇についてこう述べている。「『ロミオとジュリエット』はいままで見た中で最低の演劇だ。『真夏の夜の夢』は退屈で、ばかげた芝居だ。『十二夜』は、愚かな芝居だ」。

○米国特許庁長官であったチャールズ・ドゥエルは、一八九九年にこんな意見を述べた。「発明できるものはすべて発明された」。

○アーネスト・ラザフォード（一八七一―一九三七）は、イギリスの著名な物理学者で、アルファ粒子を発見し、原子構造の原子核理論を開発した、原子核物理学の先駆者だ。彼は核エネルギーが利用できるとは信じようとはせず、原子力についての構想を「荒唐無稽な話」と評した。

○ケルビン卿（一八六六―一八九二）は、イギリスの優れた数学者であると同時に物理学者で、エネルギー保存の法則を開発した。絶対温度の単位ケルビンは彼の名に由来する。彼は無線電信のアイデアを一笑に付して述べた。「無線電信に将来性はない」。また、こうも述べた。「X線はいかさまであることが判明するだろう」。

○H・G・ウェルズ（一八六六―一九四六）は、イギリスの著名な作家で、SF小説の草分け的存在だが、一九〇二年にこう言った。「乗組員を窒息させ、海中でもがくだけの潜水艦など見たくもない」。

○一九二七年、無声映画全盛時代、ワーナーブラザーズのH・M・ワーナーは言った。「誰が役者の声を聞きたがるのか？」。

○アービング・フィッシャーは、エール大学の経済学の教授だった。一九二九年に彼は語った。「株価は、永久に続く高値状態に達したようだ」。

○アルバート・アインシュタイン博士は、一九三二年に言った。「核エネルギーが利用できる兆候は何一つない」。

○ウィリアム・リーヒ提督（一八七五—一九五九）は、一九四五年トルーマン大統領にこう語った。「爆弾の専門家として進言します。原子爆弾は爆発しないでしょう」。

○レックス・ランバートは、『リスナー』の編集者だった。一九三六年にこう書いている。「テレビは、私も含めてみんなの暮らしには関係がない」。

○ジョン・ラングドン・デービスは、英国人類学協会の会員だった。一九三六年に見解をこう述べた。「一九六〇年までに、労働は一日三時間までに制限されるだろう」。

○リチャード・ウーリー卿は、英国天文台長だった。一九五六年にこう断言した。「宇宙旅行などまったくのたわごとだ」。

○デッカレコードの取締役、ドン・ローは、売り込みにきたビートルズのプロモーターにこう言った。「彼らの音楽は好きになれないし、ギター音楽は廃れつつある」。

○フランク・シナトラは、一九五七年にこう言った。「ロックはいかさまだ。歌っているのも作っているのも演奏しているのもばかなやつらだ」。

○DECのCEO、ケン・オルソンは、一九七七年にこう言った。「家庭でコンピュータが求められる理由はどこにもない」。

○ビル・ゲイツは、一九八一年にこう述べた。「六四〇ｋあれば十分だろう」。

前提を疑う力を養うチームゲーム

本書でご紹介するラテラル・シンキングのスキルは、いずれも練習することによって身につけることができる。そのトレーニング法のうち、チームで行えるものを「付録1」（↓225ページから）にまとめた。

そのうち、この項のスキルを磨くのにふさわしいのは次の三つだ。

ゲームF……ルールを破れ（↓234ページ）
ゲームL……ラテラル・シンキングクイズ（↓243ページ）
ゲームN……もしもクイズ（↓246ページ）

以下、それぞれのスキルを磨くのに効果的なゲームを紹介していくので、イノベーションを起こせるチームづくりにご活用いただきたい。

前提を疑うためのヒント

▼あなたもほかの人もすべて、あらゆる事態について根深い前提をもっていることを認識する。

▼これらの前提を発見し、それに挑むために、根本的な質問をたくさんしてみる。

▼完全な部外者になったつもりで、「そもそもどうしてこのやり方をしているのか？」と自問してみる。

▼物事を最もシンプルな要素にまでそぎ落とし、現在の環境の外に持ち出してみる。

▼問題を別の言葉で言い換える。

▼ベテランや専門家の助言をよく検討し、さらにそれと正反対のことを考えてみる。

発想力を磨くラテラル・シンキングクイズ２

心なき破壊者

アテネの当局は、観光客の一部が
パルテノン神殿の太古の円柱を
砕いて持ち帰ることに頭を悩ませていた。
違法であることを承知で、
お土産に欲しがったのである。
これを防ぐため、当局がとった手段とは？

↓
答えは２５８ページ

方法2
探り出すような質問をする

答えをすべて知るより、
質問をいくつか知っているほうがましだ。

——ジェームズ・サーバー

「当たり前」だと思っていることを質問してみる

ラテラル・シンキングができるようになる二つ目の方法は、仕事を含めたすべての状況で、当たり前だと思っていることをあえて質問することだ。

素早く決定して、決断力があるように見せることはできる。しかし、その素早い決定が、既存の前提や偏見によっていたために、イノベーションの機会を逃しては何にもならない。

ある大手のペン会社が、新しいマーケティング部長を任命した。重役会議で彼は、こんな質問を受けた。「どうすればペンの売上を上げられますか？」。

主力のペンの売上が、ここ数年少しずつ落ちていたのだ。

彼は翌月の会議で、この質問は間違っていると言った。「私たちは何を売っているのか、と尋ねるべきです」。

すると、同僚が軽蔑したように答えた。「ペンに決まっているじゃないか」。

「違います」と彼は答えた。「私はこれまで、お客さまがなぜうちのペンを買うのかと質問してきて、お客さまがペンとしてではなく、贈り物として買っていることがわかりました。誰かが退職したとき、子どもが大学を卒業したときに、私たちのペンが贈られているのです。私たちはペンではなく贈り物を売っている――このことを認識して、価格や宣伝、販路やマーケティングを見直すべきです」。

彼らはこのとおり実行し、大きな成果を収めた。

初心者の目で見る

ラテラル・シンキングには、ほとばしるほどの好奇心が必要だ。そのためにはどうすればいいのだろう？

たとえば、コンサルタントや入社一日目の社員のように、ありとあらゆる仕事について質問する方法がある。会社に長くいればいるほど、これは難しくなるものだが。

初めて会社に来た日は、周りの人々に次々と質問するだろう。「なぜこれをやるのか？」「どうすればいいのか？」「この目的は何か？」「これは何を意味するのか？」――会社に長くいればいるほど質問は減っていき、先が読めるようになるにつれて、いい気になっていくものだ。

常に探るような質問をし、その答えに注意深く耳を傾けよう。同じ質問でも、別の人に別のときに聞いたら、答えは違ってくる。その答えの中に、何らかの手がかりがあるのだ。

私たちが必要としている深い理解を得るには、探るような質問をし、その答えを注意深く聞くことだ。

一九八五年当時、インテルの主な事業はメモリーチップの製造だった。しかし、日本との熾烈な競争のため、メモリーはあまり儲からなくなってきた。

インテルの創業者、アンディ・グローブとゴードン・ムーアは、ひざを突き合わせてねばり強く質問しあった。

グローブが尋ねる。「我々がクビになって、新しいCEOが来たとしたら、彼は何をするだろう？」。

ムーアは答えた。「メモリーチップ事業から撤退するんじゃないか」。

こうしてインテルは、メモリーチップから撤退し、より大きな儲けの見込めるプロセッサチップの開発に移行することを決めた。

彼らは、任命されたばかりのチームの視点で物を見るために、自分をいったん解雇し、そして再び戻ってきたつもりになったのだ。二人はまさに、探るような質問を投げかけ、新しい方法で問題に近づくことにより、ビジネスの大変革を成し遂げた。

これこそまさに、ラテラル・シンキングの成功例だ。

仕事について根本的な質問をする

重要なのは、誰もが当然と思っていること、変えられないと思っていることについて質問することだ。

アイザック・ニュートンが、「どうしてりんごは落ちるのか？」と質問したとき、人々はあざ笑った。物が地面に落ちることは誰でも知っている。この当たり前のことに対して、わざわざ「なぜ？」と尋ねる意味がわからないと思ったのだろう。

しかし、ニュートンはこだわった。「りんごが地面に落ちるのに、どうして月は落ちないのか？」「なぜ潮は引いたり満ちたりするのか？」——当たり前のことを質問することで、ニュートンは引力の法則と運動の法則を考えつくことができたのだ。

ニュートンだけではない。チャールズ・ダーウィンは自問した。「どうしてガラパゴス諸島には、これほど多くの独特の生物が存在するのか？」。

この疑問をもち、念入りに調査したおかげで、ダーウィンは——おそらく歴史上最も影響力のある——自然淘汰による進化論を見出した。

「光線に乗って世界を通り過ぎたら、世界はどう見えるのか？」

こう尋ねることで、アインシュタインは相対性理論をつくり出した。彼は別の視点で宇宙を見ることを想像したのだ。

では、仕事に対してまったく新しい見方を想像できるだろうか？　できないなら、ニュートンやダーウィンやアインシュタインがしたように、**まずは根本的な質問からはじめる**

のがいい方法だ。

ラテラル・シンキング型の人が尋ねる質問は、次のようなものだ。

○我々は正しい質問をしているか？
○なぜこの問題を解く必要があるのか？
○そもそも、どうしてこのやり方なのか？
○問題を言い換えることはできないか？
○問題を逆から見たらどうなるか？
○この問題を解決したら、誰が得をして誰が損をするのか？
○我々の仕事のルールは何か？　ルールを破ったらどうなるのか？
○この状態から何が推測できるか？
○異星人なら、どうやってこの問題を解くだろうか？
○もし資金と資源が限られていなかったら、どうやってこの問題を解くだろうか？
○まったく違う業界の人は、どうやってこの問題を解くだろうか？
○どうすればこの問題の違う見方ができるのか？

知識よりも想像！

「想像は知識に勝る」とは、アインシュタインの有名な言葉だ。しかし、私たちは知識のほうを重視していないだろうか。

学校でも、知識の習得と記憶、そして試験にほとんどの時間が充てられている。いったい、どれだけの時間をかけて思考スキルについて教えているのだろうか？

たしかに知識も重要だ。しかし、「はじめに」に出てきたマイケル・カレンがスーパーマーケットの発想をしたのは、知識によるものではない。想像力によるものだ。問題解決の鍵は、思考スキルとクリエイティビティ、そして想像力なのだ。

私たちが学ぶべき重要なスキルの一つは、質問する技術だ。前提だと思っていること、仕事のルールも含めて、あらゆるものに疑問をもつことだ。

子どもや火星人がするような質問——「なぜこれをするのか？」「なぜこのやり方をす

るのか？」――からはじめよう。組織の基本ルールや自分たちのやり方に挑むことで、創造的なアイデアが手に入る。

前提を疑わず、質問することも下手な人は、以下のような行動をとることが多い。

○結論を急ぐ。
○あせって解決策を出す。
○他人のアイデアに注意を向けない。
○人の話をあまり聞かない。
○問題を早く片づけたいと強く思う。
○行動することは前進することだと常に考える。
○頑固である。
○答えを知らないことを認めない。
○他人の見方を尋ねることをしない。
○助けを求めたり、自分の誤りを認めたりすることをほとんどしない。

もしこのような兆候があるなら、次の五つのことを試してみてほしい。

①決定をする前に一呼吸おき、もう少し見直してみる。

②根本的な質問をたくさんする。

③解決策を選ぶ前に、多くの情報を仕入れ、仲間によく相談する。

④いいアイデアを思いついた後で、もう二、三個のアイデアを考えてみる。

⑤答えがわからなければ、それを認め、他人に助けを求める。助けを求めることを恐れない。

常に疑ってかかる組織をつくる

ラテラル・シンキングができる人は、根本的な質問を次々にする一方で、周りの人にも質問してもらおうと努力する。すべての人に対して、違うやり方ができないか、もっとうまくできないかと尋ねてもらおうとする。

私たちの会社がすでに成功していても、さらにうまくできないかと疑う姿勢を浸透させ

図３　結論を急ぐな！

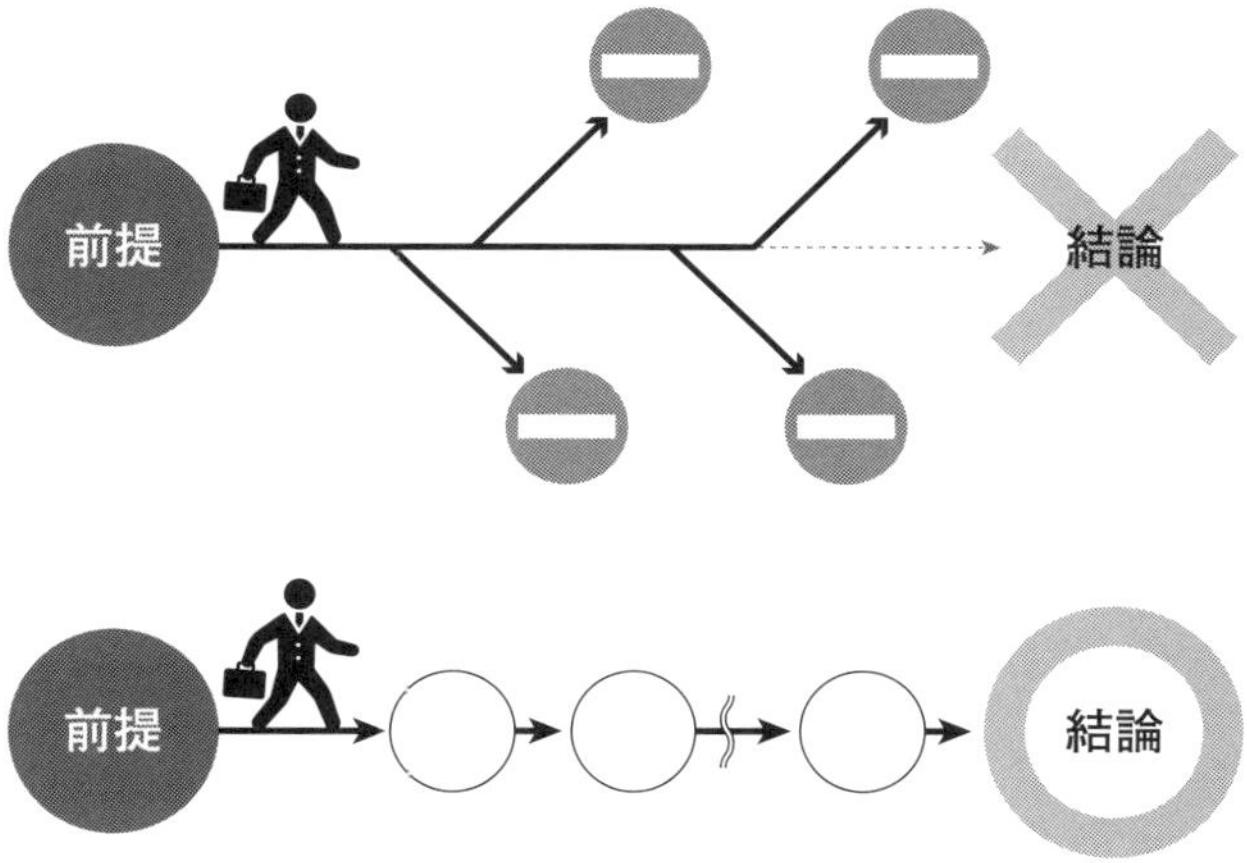

ることは重要だ。競争と新参者がもたらす脅威が、すぐそこにあるのだから。

組織の全員に、企業のビジョンと目標を理解してもらおう。
そしてさらに、
組織を大きく変化させるために、すべてのルールや前提を疑わなければならないことも理解してもらおう。

たいていの人は質問をし終えると、解決策に向かって突き進む。それも無理はない。問題点を理解すると、問題を解決しようと先走ってしまいたくなるからだ。

それは当然のことだが、致命的でもある。

理解が足りないと、誤った結論――たとえば、「どうすればペンがもっと売れるか」を問題とすること――に飛びつくのがオチだ。

すぐ走り出さずに、立ち止まって次から次へと質問してみよう。そうすると、初めてすべてのことに目が行き届き、もっとよい解決策が見つけられるものだ。

質問の技術を磨くのに役立つチームゲーム

ゲームA……ブレーンストーミング（↓226ページ）
ゲームL……ラテラル・シンキングクイズ（↓243ページ）
ゲームN……もしもクイズ（↓246ページ）
ゲームO……遠隔建築ゲーム（↓247ページ）

探り出すような質問をするためのヒント

▼「イエス」か「ノー」で答えられる質問ではなく、自由回答方式の質問をしよう。

たとえば、**「どうすれば」**の質問ではじめてみる。

つまり、「我々のマーケティングは、他社に十分な差をつけているか？」ではなく、**「どうすれば、他社との差を二倍にできるか？」**という具合にだ。

○どうすれば、二倍の顧客価値がある製品をつくることができるか？
○どうすれば、在庫を半減できるか？
○どうすれば、最高のスタッフを雇えるか？
○どうすれば、新しい見込み客を見出せるか？

これらの質問をすれば、小手先の改善ではなく、抜本的な改善を求めていることが伝わるだろう。

また、問題について考えているとき、「**なぜ**」の質問を繰り返すと実態がわかる。
次の一連の質問と回答を見てほしい。

なぜ、消費者はうちのヘアドライヤーを買うのか？
――髪を乾かすためです。
なぜ、彼らは髪を乾かすのか？
――濡れているからです。
なぜ、濡れているのか？
――洗ったからです。
なぜ、洗うのか？
――清潔に見せるためです。
ほかには？
――美しく見せるためです。
なぜ、彼らは清潔で美しく見せたがるのか？
――心地よく感じ、魅力的に見せたいからです。

このヘアドライヤーは、消費者を心地よくさせ、魅力的にしていることがわかった。

そしてさらに、次のような自由回答形式の質問をしてみよう。

「どうすれば、うちの製品が消費者を心地よく魅力的にすると、人々にアピールできるか？」「このメッセージのターゲットはどんな人か？」などだ。

電話番号の間違い

ある大手の銀行が、新商品を売り出そうと、ダイレクトメールでのキャンペーンを計画した。二〇〇万枚のパンフレットを印刷したが、なんとそこにぞっとする間違いを発見した。

——電話番号の数字が違っていたのだ！

コールセンターではなく、空き回線の番号となっていた。

そこで、彼らが最初にすべきことは何か？

——マーケティング部長を解任する？

それとも、パンフレットを印刷しなおす？

↓答えは258ページ

方法3
見方を変える

同じ方向にいくら目を凝らしても、
違う見方はできない。

――エドワード・デ・ボーノ

視点を変えて考える

ラテラル・シンキングができるようになる三つ目の方法は、物の見方を変えてみることだ。

たとえば、今、森の中にいるとしよう。一見、木々は乱雑に茂っているように見えるが、二、三歩進んでみると、それらはきれいに列をなして立っていた――。

このように、立つ位置が違うために、答えが見えないことがよくある。意識的に視点を変えて、違う方向から問題にアプローチしてみれば、画期的な解決策を生み出せる。

人々の前提にとらわれず、新しい方向から問題にアプローチして成功を収めたのが、アメリカ人の若者、ディック・フォスベリーだ。

一九六八年、メキシコシティでオリンピックが行われた。観衆は、ある走り高跳びの選手が、バーに背中を向けて跳んでいるのを見て驚いた。ほかの競技者はみな、伝統的なウエスタンロールの跳び方をしていたからだ。

彼こそフォスベリーだ。彼は、「高く跳べるほかの跳び方はないか」と常に探していた。

そして試行錯誤の末、ついに新しい方法を見つけたのだ。彼はこのとき金メダルを獲得し、走り高跳びの常識を一変させた。いわば、想像力による大ジャンプをしたのだ。

ヘンリー・フォードは、自動車の組み立てに対して違う見方をした。当時、自動車は一つの場所で組み立てるのが常識。作業員が入れ替わりやってきて、エンジンやギヤボックス、ダッシュボードなどを取りつけていた。

彼は考えた。「作業員が車のところに行くのではなく、車を作業員のところに動かしたらどうか?」。この画期的なアイデアこそ、あの「流れ作業」だ。これにより、はるかに低コストで、自動車の大量生産が可能になった。

ビタミンCを発見したアルバート・セント・ジェルジは、こう述べている。「天才は、誰もが見ているものを見て、誰も考えたことのないことを考える」。

物事を違う観点から眺めることができれば、そこから新しい見識を得ることができるのだ。

スーパーマーケットを考案したマイケル・カレンもそうだ。彼は見方を変えて、客がセルフサービスする形に変えることを思いついたのだ。

では、次の計算を暗算でしてみてほしい。

398 + 395 + 396 + 399

型どおりのやり方で暗算すると、骨が折れただろう。この数字を、「400 − 2」「400 − 5」「400 − 4」「400 − 1」と読みかえると？　答えは簡単だ（1600 − 12 = 1588）！

少し違う見方で見たり、違う言い方をしたりすれば、問題が容易に解けると実感できただろう。

ほかの人の立場に立って考える

私たちは一つの視点から物事を見ることに慣れすぎていて、あえて動こうとはしない。

では、どうすれば違った見方ができるのか?

たとえば、次の人たちの視点を借りるという方法がある。

◯顧客の視点

◯製品の視点（自分が製品であることを想像する）

◯供給者の視点

◯子どもの視点

◯高齢者の視点

◯独裁者の視点（独裁的な暴君なら誰でもいい）

◯サルバドール・ダリの視点

ほかにも、違う観点を得る方法はある。後の章でいくつか紹介しよう。

サイラス・マコーミックは、自動刈取り機を発明した。農作業の手間を省き、生産力を高める自動芝刈り機を、当時の農夫はみな欲しがった。しかし不幸なことに、一九世紀中頃、アメリカの農夫たちに、それを買う余裕はなかった。

そこでサイラスは、農夫の立場に立って革新的な見方をした。農夫たちが、わずかな貯蓄からではなく将来の収入から支払えるように、分割払いを考案したのだ。

たとえば、あなたは今、ある谷について調べなければならないとしよう。あなたは、何通りの見方ができるだろうか？

谷の川下から見上げたり、川上から見下ろしたり、川岸で詳しく調べたり、あるいは両側の丘から見渡すこともできる。歩いても調べられるし、ボートで川を下ったりする方法もある。地図を丹念に調べてもよい。

実際にやってみると、谷への違う見方ができ、谷への理解が深まるだろう。それなのに、

私たちは仕事となると、なぜさまざまな観点から問題にアプローチしないで、急いで解決策を当てはめようとするのか？

伝統のやり方を疑ってみる

伝統的なやり方に対して違った見方をすることは、イノベーションを生む一つの手段だ。

問題を再構成すること、すなわち一度、構造を破壊して、違うやり方で組み立てることで、よりよい解決策が生まれる。その例をいくつか紹介しよう。

ラテラル・シンキングの権威、エドワード・デ・ボーノは、ヨーロッパでの競争をいかに優位に持っていくかについて、フォードに相談されたときのことをこう書いている。デ・ボーノのアイデアはとても斬新だった。フォードは、自動車メーカーの視点から、競争の問題についてこう尋ねた。「どうすれば、私たちの車がもっと魅力あるものになるでしょうか?」。

これに対し、デ・ボーノは、違う観点からこう質問した。「どうすれば、フォード車に乗る人の生活自体を快適にできるでしょうか?」。

デ・ボーノの答えは、密集した都心部での駐車だった。彼は、主要都市の中心部にある駐車場を買い上げ、フォード車専用の駐車場にすべきだとアドバイスした。

そのアイデアは、フォードにとって画期的だった。フォードは、自社を自動車メーカーとしてしか見ていなかったため、駐車場事業など考えもしなかったのだ。

一九五〇年代、船舶輸送事業は低迷していた。貨物船の運航に費用がかさむのが問題だった。当時、貨物船は長時間港に停泊し、港湾労働者たちが貨物の積み下ろしをしていた。その一方で、航空貨物便が急速にシェアを伸ばしていた。長年の間、船舶輸送業界はコスト削減に取り組んできたが、うまくいってはいなかった。

新しい視点が求められていたこの状況で、コンテナ運送の発想が生まれた。貨物がコンテナに積まれていれば、船が港に入る前にほとんどの仕事は終わっている。こうして、船舶の貨物入替時間は大幅に短縮され、コスト効率が劇的に高まった。そして効率的なコンテナ港が次々と建設されていった。

ヨーロッパでの洗濯洗剤市場では、Persil が主力のユニリーバと、Ariel が主力のプロクター・アンド・ギャンブルが他を圧倒している。このブランド間の熾烈な競争は長年にわたり、両者は宣伝と販路の面でしのぎを削ってきた。

一九九八年、ユニリーバは新しい戦略を取り入れた。錠剤型の Persil を導入したのだ。錠剤型だと、いちいち計量せずに、大きなパックから注ぐ手間も省けるため、消費者は大歓迎だった。

この革新を最初に行ったことで、Persil はシェアを一〇パーセントも伸ばしたという。

そして今では、市場の三割の製品が錠剤型になっている。

自分の思考を可視化する

問題を再構成するには、次の方法がわかりやすい。

①　キーワードを書き出す。

②　その中で関係があるものを、目に見える形ですべてつなげてみる。

すると、自分の思考を構造化することができる。時にこれは、視覚形式のブレーンストーミングと呼ばれる。

トニー・ブザンは、このアイデアをもとに「マインドマップ」を開発した。個人で行っても効果があるし、グループでも使える代物だ。

マインドマップは、とてもシンプルだ。まず、大きな紙の中央に主題の目標を書き込み、

図 4　マインドマップ

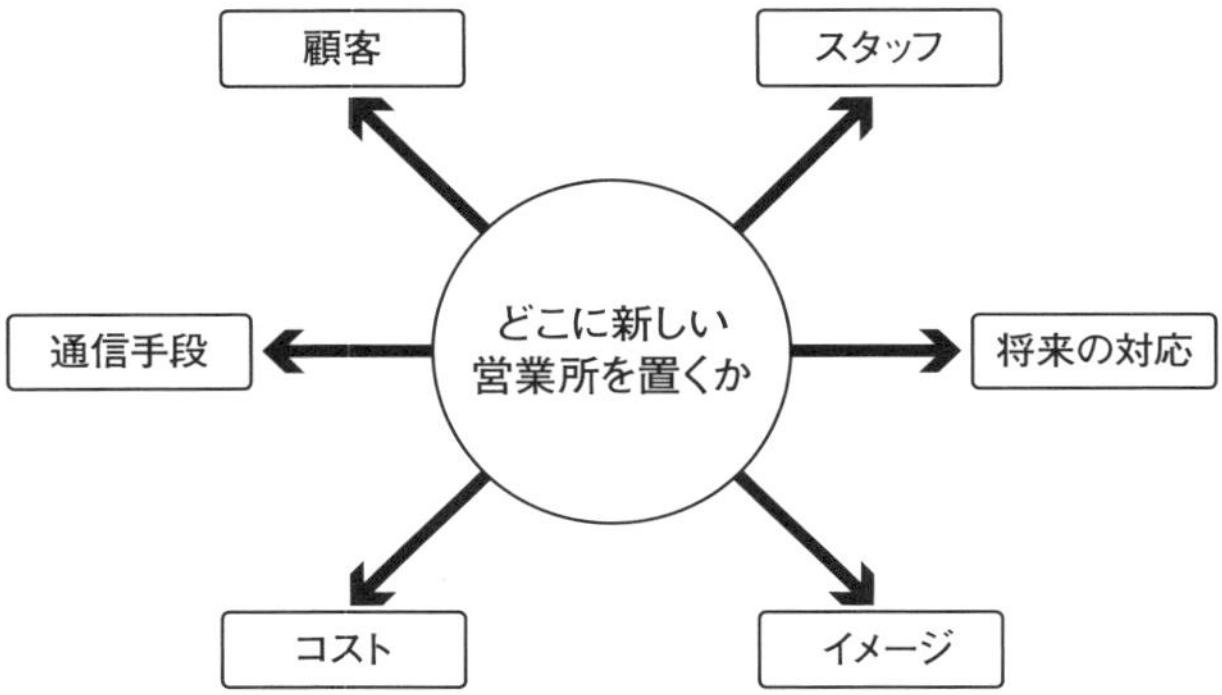

図 5　マインドマップを拡張する

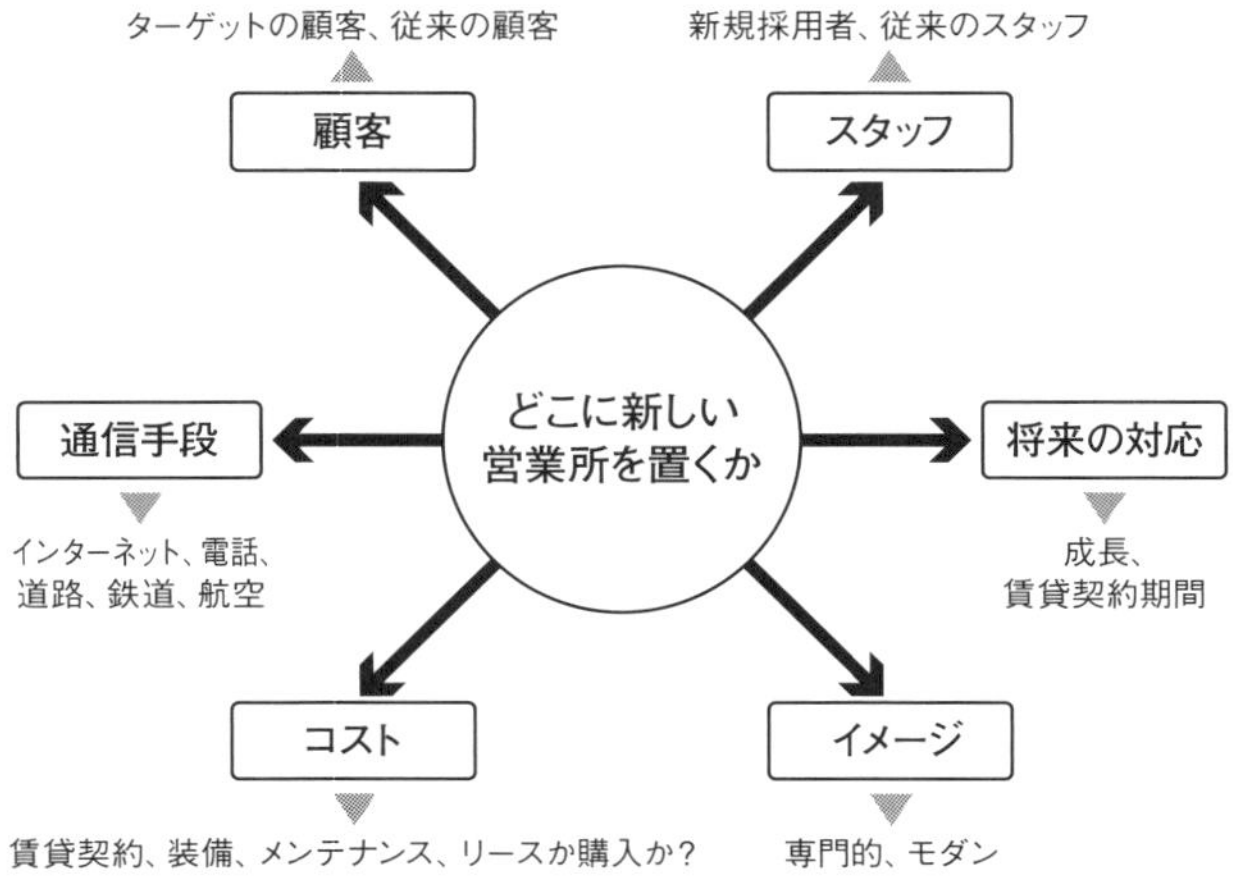

それを楕円で囲む。次に、その目標に関する重要な要素を、楕円から線を引き出し枝状に書き込む。それぞれの枝が刺激となって、ほかの枝を引き出したり、そこからさらに枝を伸ばしたりしていく。

その結果、自分の主だった考えがそこに現れ、線で結ばれた地図ができ上がる。そこでマーカーで、キーポイントに下線を引き、そして別の枝にあるキーポイントとつなげる。

このようにして、新しい組み合わせやアイデアを見つけることができる。

私たちは今、新しい営業所をどこにするか考えているとしよう。図４のように問題を中央に書いて、その周りに重要な要素を書き込む。次に、それぞれの要素に、必要と思われるすべての二次的な要素をつなげていく（ここでよく、大きい紙を使わなかったことを後悔する！）。

たとえば、顧客とコストの間、あるいはターゲットと成長の間がマーカーで結ばれるかもしれない。さらに関連づけを増やしていけば、地図は煩雑になるが、さらに価値あるアイデアが生まれる。

マインドマップによって、要素の関連が目に見えるようになり、多様な角度から問題にアプローチしていく手がかりができるのだ。

問題と自分の考えをいったん紙に書き出し、それらを延長し、強調し、逆に置き、組み合わせてみよう。そうすれば、最も見込みがあることや、隠れていた妙案に焦点を当てられ、問題点が分類できる。

そういう意味で、マインドマップは、後ほど登場するチームゲームにおいて、絶好のスタート地点となるはずだ。

見方を変えるのに役立つチームゲーム

ゲームC……問題を言い換えよう（↓２３２ページ）

ゲームD……たとえてみよう（↓２３２ページ）

ゲームH……アイデアカード（↓２３７ページ）

ゲームI……目的の再発見（↓２３８ページ）

ゲームS……今夜のテレビは？（↓２５４ページ）

見方を変えるためのヒント

- あえてまったく違う方向から問題にアプローチする。
- 顧客や製品自身、あるいは火星人(!)の身になって考えてみる。
- 問題を再構成する。問題を違う言葉で表してみる。
- 書き出してみたり、関連性を視覚化したりして、問題を目に見える形で表現する。
- 今の自分の状況について、まったく違う分野の友人と議論する。
- はじめに、無作為に目標や言葉を引き出し、それを問題と関連させる。

学校への視察

ある教師は、次の日教育長が視察に来ることを知った。おそらく教育長が問題を出して、その教師が答える生徒を選ぶ手はずになるだろう。

教師は、学校のよい印象を与えたかった。よい印象を与え、生徒が正しい答えを出す確率を高めるため、彼女が生徒に指導した方法とは？

↓答えは２５８ページ

方法4

奇抜な組み合わせをしてみる

私は、他人のアイデアや発明を使って、
何か新しいものを創ってきたにすぎない。

——ヘンリー・フォード

関係がないと思われるものを組み合わせる

ラテラル・シンキングができるようになる次の方法は、異質なものを組み合わせてみることだ。

新しいアイデアといっても、そのほとんどが独創的なものではなく、実は何かほかのものにヒントを得ているものだ！　ほかのアイデアを組み合わせたものも多い。

人類の最大の発明とは何か？　たぶんその一つは、ヨハネス・グーテンベルクの印刷機だ。グーテンベルク以前は、すべての本は、手でわざわざ書き写されるか、固定の木版でスタンプされていたからだ。

グーテンベルクは一四五〇年頃、ドイツのストラスブルグ（現在はフランス領）で、二つのアイデアを組み合わせて、活字による印刷技術を発明した。その二つとは、コイン刻印機の柔軟さとブドウ絞り機の圧縮力だ。この発明のおかげで、時間のかからない印刷が可能になり、西洋全土に知識とアイデアが広まることとなった。

オーストリアの修道士グレゴール・メンデルは、数学と生物学を組み合わせ、遺伝学を考えついた。

一八五〇年代、小さな修道院の庭園で作業しながら、異なる種類のエンドウマメを交配させ、どちらの特性が遺伝するか調べた。それにより、受け継がれる特性は、遺伝子に基づくもので、統計学上の法則に従うということがわかった。

３Ｍは、自社開発した「のり」に頭を抱えていた。接着力が弱かったのだ。するとき、同社の科学者アーサー・フライは、そののりと本のしおりとを組み合わせることを考えた。自由に貼り替えするには、接着力が強すぎないこののりがうってつけだったのだ。

こうして生まれたのが、あのポストイットだ。

二つのアイデアが結びついて、新しいアイデアが生まれるときには、二プラス二が五にもなりうる。水素と酸素は気体だが、結合すると液体になる。

古代の偉大な発見の一つは、二つの軟らかい金属（鉄とスズ）を混ぜて、より強い銅ができたことだった。

これと同じように、二つの小さな発明——コインの刻印機とブドウ絞り機——の組み合わせが、偉大な印刷機を生んだのだ。

では、自分の会社の製品やサービスを、無作為に選んだ「言葉」と組み合わせると何が出てくるか試してみよう。

たとえば、あなたが建築家で、辞書からたまたま次の言葉を選んだとしよう。ケーブル、貧困者、軟骨、盾、議会。強引に結びつければ、こんなアイデアが出てくる。

ケーブル　すべての部屋にインターネットケーブルがつけられた家
貧困者　昔の救貧院（貧しい人のための施設）に似せてつくった家
軟骨　従来の蝶つがいに代わる、関節の軟骨のように柔軟性のある蝶つがい
盾　天候から家を守る盾のような外壁
議会　伝統的な議事堂のような、堂々とした家の構え

この手法により、きっと新しいやり方が見つかり、独創的なアイデアが生まれるだろう。

さらに、動物や国々、乗り物、テレビタレントなどと製品を組み合わせてみよう。

組み合わせが奇抜であればあるほど、
そこから出てくるアイデアは独創的なものになる。

できるだけ奇抜な組み合わせをしてみる

次の一見矛盾した発明について考えてみよう。

○太陽電池型トーチ
○水中ドライヤー
○膨張式ダーツ盤
○コンクリート製救命ボート
○耐水性ティーバッグ

矛盾しているようだが、これらはすべてありうるのだ！

図6　奇抜な組み合わせからアイデアが生まれる

たとえば、太陽電池型トーチは、外で充電したあと、鉱山に持って入るという使い方がある。

潜水艦の中にあるドライヤーは、水中ドライヤーだ。

マジックテープを使えば、膨張可能なダーツ盤ができる。

コンクリート製救命ボートも、十分な空気の空間があれば確実に可能。

通常の温度では耐水性で、沸点では水を吸収するティーバッグがあれば、使うまで鮮度が保てる。

要は、一見ばかばかしくて矛盾した組み合わせでも、ユニークな解決策へつながることがあるということだ。

イギリスの発明家、トレバー・ベイリスは、ぜんまい式のラジオを思いついた。当初、この組み合わせは奇抜なものだった。ラジオは電気を必要とするのに、ぜんまいは機械じかけなのだから。

途上国では電池は高価なものだし、電源も当てにはできない。そこで彼は、ぜんまい式の小さな発電機を組み込んだ、人力で動くラジオを世に送り出したのだ。おかげで、貧しい地域の人々の情報量は急激に増えることになった。

アイデアの組み合わせは、発明家のハッチンスがアラームと時計を組み合わせて目覚まし時計をつくったように、身近なものかもしれないし、メンデルの遺伝の研究のように、高度なものかもしれない。

いずれにしても、**新しいアイデアのほとんどは、従来のアイデアを合成したものだから、組み合わせの可能性を試してみることには大きな意味がある。**

意外な組み合わせを生み出すチームゲーム

ゲームB……ランダムワード（→230ページ）
ゲームH……アイデアカード（→237ページ）
ゲームI……目的の再発見（→238ページ）
ゲームK……サイコロゲーム（→242ページ）

意外な組み合わせを探るためのヒント

▼自社の製品やサービスを、無作為に選んだ製品やサービスと組み合わせてみる。

▼自分の組織と、ほかのあらゆる組織との組み合わせを探る。○○社と組んで、画期的な商品をつくれないか？

▼自社の製品や仕事に取り入れるのに、最もばかばかしく思えるものは何か？そこからはじめてみよう。

▼顧客が、自社の製品やサービスをどう使うか考える。一緒に使うものは何か？　その手間を省く、何らかの組み合わせができないか？

株のブローカー

ある若い株のブローカーが、新しく開業しようとしていた。顧客はまだ一人もいない。彼が、少数の資産家に対して、自分が株価の変動を予測できることを納得させるためにとった手段とは?

↓答えは259ページ

方法5

アイデアを採用し、応用し、さらに改良する

港にいる船は安全だ。
だが船はそのためにあるのではない。

――アルバート・J・ニメス

他社のアイデアに学ぶ

方法4の「奇抜な組み合わせをしてみる」と関係が深いのが、ある組織で成功したアイデアを、ほかの組織でも応用してみることだ。これにより、イノベーションを成功させることができる。

では、例をいくつか見てみよう。

一九一六年、クラレンス・バーズアイというアメリカの若い科学者・発明家が、毛皮の貿易業者としてカナダを訪れた。彼はそこで、ラブラドルの人々が、長い冬の間、雪の中で食料を凍らせて保存していることを知った。

彼はアメリカに戻ると、このアイデアを発展させ、急速冷凍した食品を試作し、小売業者に冷凍庫に入れて保存するように言った。冷凍食品産業を思いついたのだ。

のちに彼はゼネラルフーズに売り込み、富を築いた。彼はよいアイデアに出会い、それを自分の事業に応用したのだ。

アレキサンダー・グラハム・ベルは人間の耳の働きについて学んだ。音による鼓膜の振動を金属振動板の働きに応用し、電話の発明に成功した。

ハーバードビジネススクールのアマル・ビデ教授は、新事業の起こり方について研究した。その結果、成功した新規事業の七割以上が、前職のアイデアをもとにしていることがわかった。彼らは、自分がよく知っている分野のアイデアに目をつけ、それを改良して起業したのだ。

多くの発明が生まれている有名な研究所・ゼロックスＰＡＲＣ（パロアルト研究所）で働くボブ・メトカーフの例もある。

一九七〇年代、彼はコンピュータどうしを接続できる、イーサネットというネットワークのアイデアについて研究していた。彼は、それが大きなビジネスチャンスを生むことを確信していた。

だが、取締役がそれに同意しなかったため、退職して3Comを立ち上げた。そして、同社はローカルエリアネットワーク（ＬＡＮ）の市場で莫大な成功を収めた。

ＤＥＣで表計算ソフトを開発したダン・ブリックリンにも、同じような経験がある。彼も、上司を納得させられず、DECを辞めてビジコープを設立した。そこで彼は、世界最初の表計算ソフト、Visicalcを開発しベストセラーを記録した。

ロールオンタイプの制汗剤を発明した人物もそうだ。彼は、液体を塗る新しい方法を探していた。そして筆記具というまったく別の分野で、同じ問題が解決されていることに目をつけ、ボールペンの概念を応用したロールオンタイプの制汗剤をつくり出した。

サミュエル・モースはモールス信号の発明者。長距離の電信になると、信号が弱まるという問題に直面していた。ある日、駅馬車で旅をしていると、馬車が中継基地で馬を入れ替えていることに気づいた。彼はこれを応用し、電信機の信号を増幅する中継基地を設けた。

一九四一年、ジョルジュ・デ・メストラルはスイスのジュラ山脈で犬の散歩をしていた。帰ってくると、ズボンと犬の毛に植物のとげがたくさんくっついていることに気づいたが、それはなかなか取れなかった。

そこでとげを顕微鏡で調べてみると、その先に小さなフックがついており、それが衣類の繊維や犬の毛に引っかかっていることがわかった。彼は、これをまねた人工の生地を開発し、ベルクロ（マジックテープ）を発明したのだ。

アイデアをどう仕事に生かすかを考える

では、アイデアをどう仕事に生かしていくかを考えよう。いま、何か問題を抱えているなら、ほかの出来事や動物、施設を無作為に選び、問題と無理やり結びつけてみるのも一つの方法だ。何か応用できるものがないか探してみるのだ。

たとえば、今のチームが無気力で、みんなのやる気を出させることが課題だったとしよう。そして、無作為に選んだ言葉が、オリンピック、トラ、バレエスクールだったとする。そこからどんなアイデアが引き出されるだろうか？

まずは、オリンピック。成績優秀者を表彰してメダルを贈呈する。オリンピックの形式で記録を壁に掲示したり、エクストラネットで公開したりする手もある。

図７　無理やり結びつけることでアイデアが生まれる

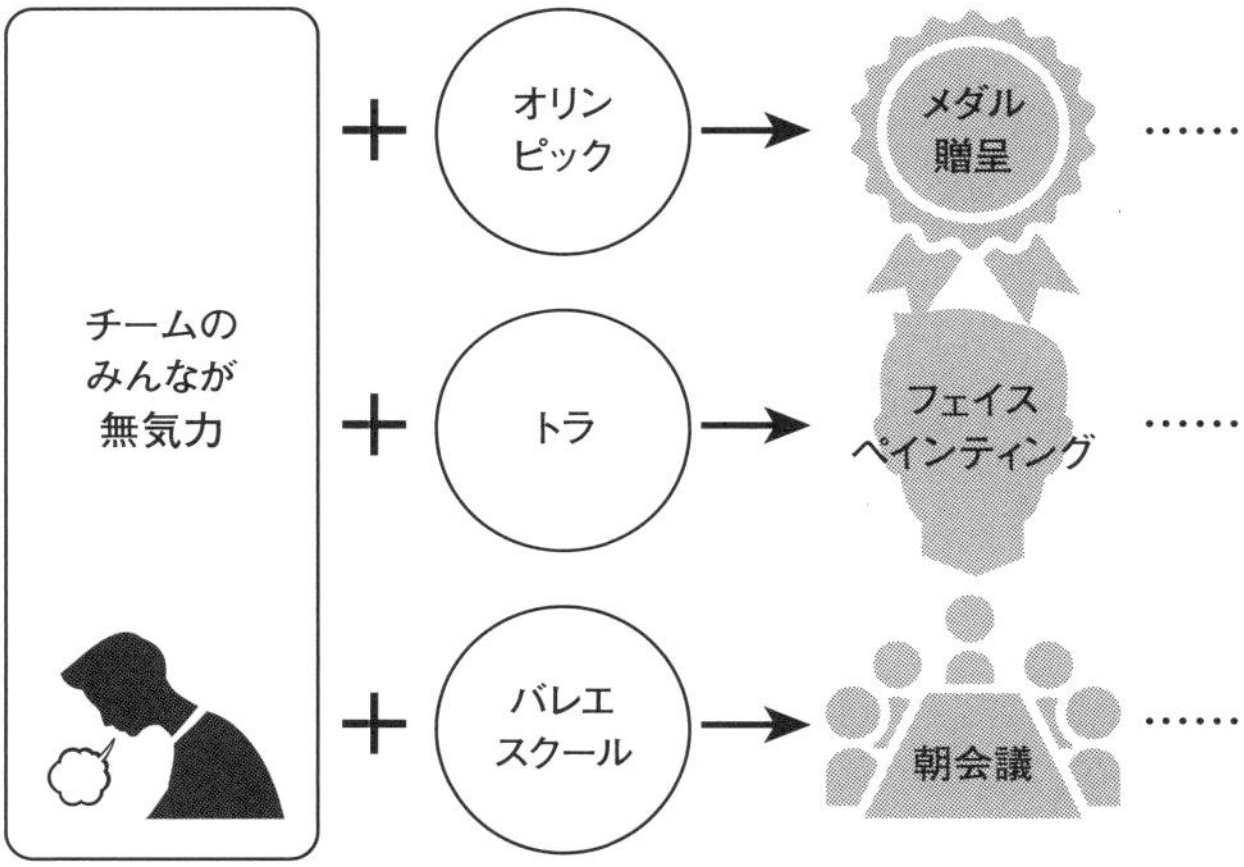

トラはどうか。士気を高めるための小細工として、フェイス・ペインティングをするのもいい。あるいは狩りを連想し、社内で宝探しを企画したり、「売上獲得」競争を計画したりするのもありだ。

バレエスクールの生徒は、ダンスを演じる前に、日々の練習をこなしている。そこから、毎朝業務が始まる前に会議を行うのを想像してもいい。また、バレエダンサーは鏡の前で練習する。チームのモチベーションを上げるために、互いにフィードバックする制度を導入してはどうか？

別の方法としては、自分の組織の特長と、ほかの組織の特長を組み合わせて、そこから応用できるものを探してみるというのもある。

たとえば、今、上級職用の研修を開講しているとしよう。そして無作為に選んだものが病院だったら、問題を抱えて訪れた人々をその場で診察する、コンサルティング型の救急病院を頭に浮かべるかもしれない。

あるいは、多くの人が研修でせっかく学んだことを忘れてしまう問題について考えてみる。病院では、患者の回復を早めるため理学療法を取り入れている。これを応用して、参加者に対し、課程の締めくくりとして「理学トレーナー」を派遣するというアイデアを生み出せる。

病院の代わりに「ボーイスカウト」の言葉を選んだなら、上位の研修生に対してサマーキャンプを実施したり、新しい研修生に対して短期間のキャンペーンを実施したりすることが想像できよう。

今の仕事で抱えている問題を、
ほかの人も経験し、すでに解決している可能性はとても高い。
それは、同業者かもしれないし、

問題は似ていても、まったく別の業界の人かもしれない。

他人のアイデアを応用して、自分のために使う途があるというのに、自力で途を切り開くことだけにこだわるべきではない。

応用できるアイデアを見つけるチームゲーム

ゲームD……たとえてみよう (↓232ページ)
ゲームH……アイデアカード (↓237ページ)
ゲームS……今夜のテレビは? (↓254ページ)

応用できるアイデアを見つけるためのヒント

- 意識的に、関係のないところから情報を集める。
- まったく違う環境の人々と、問題について議論する時間をつくる。
- いつもと違う雑誌を読んだり、新しい場所を訪れたり、いつもと違うものを食べたり、外国の映画を見たり、通ったことのない道で家に帰ったりと、いつもと違う環境から新しいインスピレーションを得る。
- いつもと違う環境に身を置いてみて、応用可能なアイデアはないか探す。
- ほかの分野で似ている状況を探し、それがどう処理されているかを尋ねる。

ありえないもの

髪を乾かすこと、芝を刈ること、
車を持ち上げることができるものとは？

↓
答えは259ページ

方法6

ルールを変える

人間は空気がなければ数秒しか生きられない。
水がなければ数日、
食糧がなければ数週間しかもたないだろう。
しかし新しいアイデアがなくても
何年も生きていける。

——ケント・ルース

そのルール、誰が決めたの？

知らないうちに、既存のルールや規則にとらわれた考え方をしていることはないだろうか？　次のラテラル・シンキングスキルは、ルールを思い切って無視し、変えてしまうことだ。

一九九〇年代初期、アップルは携帯型端末・ニュートンを発売した。手書き認識機能という新しい技術を使っていたのだが、それは劇的なイノベーションだった。画面上に文字を書き、ソフトが認識するというものだ。しかし残念ながら、それはうまく機能せず、別の人の手書き文字を認識するのが難しいことがわかった。ほかの企業もそれに挑んだが、だめだった。

そこでパームが、ルールを変えた。同社はグラフィティという名の、特殊な文字の入力技術を導入したのだ。人間のほうがコンピュータよりもはるかに学習能力が優れているのに目をつけ、端末に手書き文字を認識させるのではなく、利用者にグラフィティ・スタイルの文字を学習させようとしたのだ！　その結果、あらゆることが容易になった。

自分に有利になるようにゲームのルールを変えたら、自分だけの利益が手に入るのだ。

ハインツは、自社のトマトソースに頭を抱えていた。濃厚すぎてビンからソースがなかなか垂れず、ビンを強く振らなければならなかったのだ。ライバル社のソースは簡単に注ぐことができた。ほかの企業がハインツの立場なら、もっと粘り気の少ないソースをつくろうとしただろう。

しかし、ハインツの見方は違っていた。問題を逆手にとって、不利な点を利点に変えた。つまり、ソースのとろみを強調する宣伝に方向転換し、逆に流れるようなソースは質が悪いと思うように仕向けたのだ。また、ビンの底を叩くことをスマートに表現し、さらに、絞ることのできるプラスチックの容器に入ったソースも売り出した。

こうして消費者に、プラスチックの容器を絞ってもいいし、ビンの底を叩いてもいいように選ばせたのだ。

ところで、もし新しいスポーツの開発に取り組むとしたら、どうするだろうか？　白紙

図８　スポーツのルールを変えると？

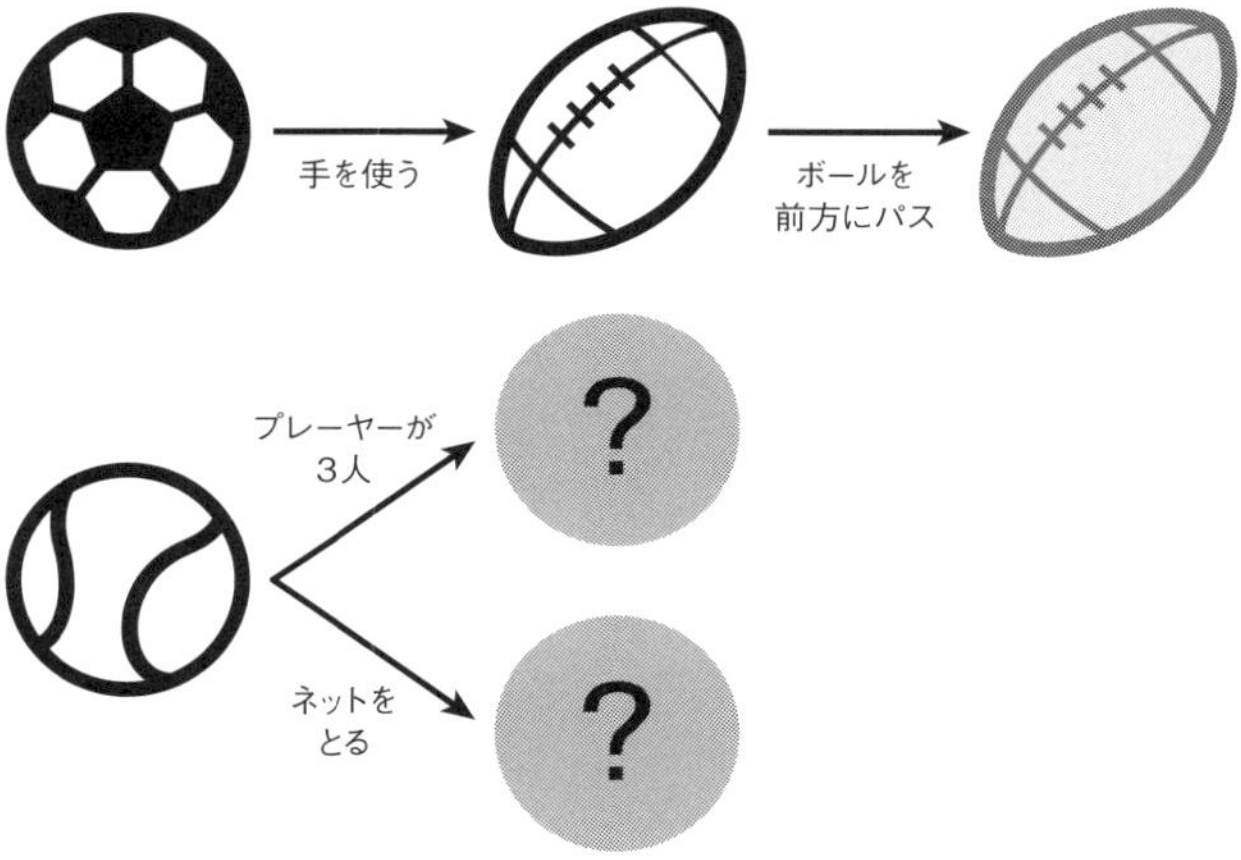

の上に突飛なアイデアを書き連ねていってもいい。

もっと生産的なやり方は、今ある競技のルールを一つずつ変えていってみることだ。サッカーのルールの一つは、ボールを手で扱えないこと。わざとこのルールを破ったことで、ラグビーが生まれた。また、ラグビーのルールの一つは、ボールを前方にパスできないこと。このルールをわざと破って、アメリカンフットボールが生まれた。

テニスだとどうか。もし三人のプレイヤーがいたら？　ボールが外に出ないで跳ね返ってきたら？　ネットがなかったら？　ボールが弾まなかったら？

それぞれに対し、新しいタイプのスポー

ツを思い浮かべられるだろう。おそらく、スカッシュテニスやラケットボール、ラクロス、バドミントンのようなものではないか。

ゼロから考えるより、思い切って「反則」をルールにしてみる

スポーツと同様に、仕事の場でも、新しいビジネスを思いつくには、何もないところから考えるよりも、**既存のビジネスルールを変えることからはじめる**のがいい方法だ。

アマゾンドットコムのジェフ・ベゾスは、従来の販路ではなく、インターネットを使うことで出版業のルールを破った。

リチャード・ブランソンのヴァージングループは、複数の分野で、仕事の常識を覆した。

小売チェーンのザ・ボディショップの創業者、アニータ・ロディックは、業界の老舗がしたこととあえて逆のことをするというポリシーを掲げて成功した。

ルールは破られるためにある。

スポーツでは審判にペナルティを与えられるかもしれないが、

ビジネスにおいては、審判は市場だ。
イノベーションによって価値をもたらした反則者には、
ペナルティではなく報酬が与えられるのだ。

一九八〇年代初期、イギリスで自動車保険に入るには、まず保険仲介者を訪ねるのが常識だった。仲介者が書類に加入者のデータを書き込み、それを保険会社に送って見積もりをしてもらうやり方だ。

仲介者は、自分たちのスキルを十分に活用してこそ、よい保険の契約ができると、自らの存在をアピールしていた。

そこに、ピーター・ウッドが登場した。彼は保険仲介者を完全に無視した。彼の会社、ダイレクトラインは、最新のデータベースを使い、電話オペレーターをずらりと並べて、他社より安い見積価格を電話で即座に回答していった。ダイレクトラインは業界のルールを書き換え、イギリスで最大の自動車保険会社になった。

ピーター・ウッドは、特に目新しくない電話とデータベースの技術を革新的な手段に応用し、顧客にとってよりよいサービスにしたのだ。新しい技術を従来のビジネスに応用することも、市場でイノベーションを起こすため、もしくはライバルのマジノ線を出し抜くためによく使われる。

アマゾンも同じだ。従来の本の販売ルートを無視し、インターネットを使って、本だけではなくＣＤやほかの商品を、どこの消費者にも直接販売したのだ。

一九八四年、マイケル・デルは一八歳で会社を設立した。彼の目標は、パソコン事業を支配していたＩＢＭやコンパックという超大手に戦いを挑むことだった。彼らは、在庫をもって販売する業者を通じて、完全に販路を確立していた。

当時、コンピュータは、小売業者が標準モデルを販売し、顧客に対しサポートするのが暗黙のルールだった。

デルは、そのルールに挑んだ。従来のルートを省き、直接末端のユーザに販売したのだ。さらに、ユーザ自身が、ディスク容量やメモリーなどを含めた細かい仕様を指定できるようにした。

品質も高かったので、サポートする技術者はもはやいらなくなった。さらにオーダーを受けてから製作したことで、在庫も削減することができた。ライバル社が七五日から一〇〇日分の在庫を抱えていたのに対し、デルはわずか四日分にすぎなかったぐらいだ。

このように、顧客に最新技術を提供したと同時に、低コストも実現したのだ。

ライバルがつくったルールに従う必要はまったくない

ルールを破って成功した例としては、ほかに、アメリカの新聞「USAトゥデイ」紙がある。一九八二年の創刊を前に、新聞アナリストの第一人者、ジョン・モートンは、「USAトゥデイ」の成功の見込みを切り捨てた。「第二次大戦以降に創刊された新聞で、発行部数の大きなものは少ないどころか、存在しない」。

そんな逆風のなか、「USAトゥデイ」は初日から全国紙として登場した。主要な新聞でも、それぞれの地域に深く根ざしていたにもかかわらず、だ。

この新参者は、その紙面にカラー印刷や写真をふんだんに使い、大衆文化やスポーツ、エンタテイメントの記事を盛りこんで、劇的に伝統を打ち破った。

「USAトゥデイ」は、新しい読者層——朝食を取りながら、全国の大きなニュースや地方のニュースを仕入れようとする、出張中のビジネスマン——を取り込み、ホテルや空港をターゲットとした新しい販売ルートをつくった。

「USAトゥデイ」にシェアと広告収入を奪われた「ウォールストリート・ジャーナル」や「ニューヨーク・タイムズ」といった巨人たちは、この若い野心家のまねをせざるを得なくなった。

顧客にとって使い勝手のいいルールに変える

ＩＢＭのドン・エストリッジも、ルールを打ち破った成功者の一人だ。一九八〇年、彼は数少ないチームメイトとともに、IBM Personal Computer（IBM-PC）を設計した。

それまでは、ＩＢＭを含め、どのメーカーのコンピュータも、仕様は独自で非公開だった。設計も企業秘密で、著作権が保護されていた。だが、エストリッジは常識を打ち破り、IBM-PCを公開システムとし、誰でも仕様書が入手できるようにしたのだ。

また、IBM-PCは市販の部品でつくられていた点でも、自社の部品のみで製造されていたほかのＩＢＭコンピュータと違っていた。

一九八一年、IBM-PCが発売されたときには、市場は第一人者のアップルをはじめ、DEC、Wang、コモドールなど、そうそうたる企業が占めていた。

IBM-PCは格別、性能が高いわけではなかったが、ルールを破って仕様を公開したことによって、圧倒的な成功を収めることになった。ユーザも、簡単に設計でき、自分で拡張機器をつけることができたのだが、それは結果的に、すべての業界のスタンダードとなった。

スティーブ・ジョブスは、これに大変感銘を受けた。エストリッジに一〇〇万ドルの給料と二〇〇万ドルの契約金を提示して、アップルの社長に招聘しようとしたが、エストリッジはこれを断った。

彼は不運にも一九八五年に飛行機事故で亡くなったが、「パソコンの父」として永遠に人々の記憶に残るだろう。

マイクロソフトは、IBM-PCが仕様を公開したために後進にその座を奪われたのを見て、そのOSであるDOSとWindowsを非公開とした。

しかしゆくゆくは、フィンランドの学生、リーナス・トーバルズが開発した、オープンソースのOSであるLinuxが台頭し、今度は脅威にさらされる運命をたどった。トーバルズはLinuxのプログラムを無料公開することで、世界中のプログラマーにより改良されていくことを狙ったのだ。

ほかの業界のルールを応用する

Linuxの例は、まったく別の業界でもルールを破ろうとする人の模範となった。

一九八九年、ロブ・マキューエンは、カナダのオンタリオ州にある採算の取れていない古い金山、レッドレイク鉱山の筆頭株主となった。彼はこの地域のどこかに質の高い金の鉱石があると信じていたが、いまだ見つけられないでいた。

そのとき、コンピュータ技術のフォーラムでLinuxの話を聞いたマキューエンは、OSのプログラムコードが、改良できるように公にされていることを知る。

彼は、このアイデアが採鉱事業にも応用できると踏んだ。まず、鉱山の地質学上と統計学上のすべてのデータをウェブ上で公開し、誰でも入手できるようにした。

そして二〇〇〇年三月、「ゴールドコープ社の挑戦状」と銘打って、金が採掘できる場所を予想した人に合計五〇万ドルの賞金を与えると発表した。

ほかの採鉱業者はそれに驚き、疑いの目を向けた。彼は、採鉱における昔からのルール——データは神聖なものだから、ライバルに横取りされないようにしなければならない——を破ったのだから。マキューエンはわざと異端者となり、劇的な手法を持ちこんだのだ。

彼の挑戦は大きな話題を呼んだ。世界中の一四〇〇人以上の科学者や地質学者がそのデータをダウンロードし、仮想の探査を行った。

勝者となったのは、オーストラリアの二つのグループ、「フラクタル・グラフィックス」と「テイラー・ウォール・アソシエイツ」。彼らは鉱山を訪れたことはなかったが、鉱山の精巧な3-Dグラフィックモデルを開発していた。

彼らの予想は極めて正確であることが証明された。さらに、彼らに続く四人の参加者の予想も正確だった。二〇〇一年、その挑戦の後、鉱山は過去の一〇倍もの金を産出することになった。しかも、一オンスあたりのコストははるかに低いものだった。

マキューエンは、まったく違う見方をし、ほかの分野のアイデアを応用し、そしてルールを破ることで著しい躍進を遂げたのだ。

時代遅れの仕事のルールは捨てる

仕事のルールは、過去につくられ、慣習となって残っているものがほとんどだ。デスクトップコンピュータに使用されているQWERTYキーボードがそのよい例だ。初めてタイプライターのキーボードにQWERTY配列が取り入れられたのは、一八七〇年代のことだ。

そのころは、タイピングのスピードを遅くすることが目的だった。タイピングが速すぎて、キーが絡み合って故障することが問題になっていたのだ。そこで、一番よく使う文字、e、a、i、oを人差し指の位置からはずすことで、タイピングのスピードを落とし、キーが絡まないようにしたのだった。

この機械上の問題は、はるか昔に解消されているのに、私たちはいまだに、この時代遅れで不適切なキーボード配列から逃れられないでいる！

あなたの組織の中で、QWERTY基準——今日では当てはまらない状況に合わせて設定されている——と言えるルールがどれくらいあるだろうか?

イギリスとフランスの最高司令部は、戦争のルールを理解しているつもりだった。ところがヒトラーはこのルールを破り、中立国のオランダとベルギーを通り抜けてマジノ線を出し抜いた。

もし、自分の仕事が時代遅れのルールに従って動いているとしたら、賢明なライバルがルールを破り、顧客を奪うおそれがある。

異端児こそが、業界を震撼させる!

リチャード・ブランソンも、まさにルール破りを行ったうちの一人だ。彼は、ブリティッシュ・エアウェイズや、アメリカン航空やパンナム航空などのアメリカの航空会社の勢力に挑んで、ヴァージン・アトランティックを創設した。

当時の常識は、ファーストクラスの乗客は最高のサービスを受けられ、ビジネスクラスの乗客は普通のサービス、エコノミークラスはサービスがほとんどない、というものだった。

ブランソンは、ファーストクラスを廃止し、代わりにビジネスクラスの乗客にファーストクラスのサービスを施した。また、エコノミークラスにフリードリンクのサービスを始めたほか、座席ごとのビデオ、空港へのリムジンサービスなどのイノベーションを導入したのだった。

アニータ・ロディックが目にしていた薬局は、ほとんどが、洗面化粧品や香水などを高価なパッケージやかわいく飾った容器に入れて、所狭しと並べて販売していた。

彼女はその逆を行き、ボディショップでは、安いプラスチック製の容器に、簡素なラベルを貼って商品をパッケージした。それは、単に不要なコストを削減するだけでなく、パッケージの中身こそが重要であるということをアピールするためだった。

彼女は、ボディショップを、自然で知的な、そして環境に優しい消費者と同調するところに位置づけたのだった。

ブランソン、ウッド、デル、エストリッジ、ロディック、そしてマキューエンは、みなラテラル・シンキングスキルを駆使して成功した、業界の異端児だった。

彼らはあえてルールを破り、従来のやり方に挑んだことで、業界を震撼させたのだ。

ルールを変えるのに役立つチームゲーム

ゲームF……ルールを破れ（↓２３４ページ）

ゲームM……仮想のライバル（↓２４５ページ）

ゲームN……もしもクイズ（↓２４６ページ）

ルールを変えるためのヒント

- 仕事には、人々を制限している暗黙のルールがあることを認識する。
- 仕事に含まれるすべてのルールを書きだす。
- 他人をつかまえて、あなたが見落としているルールを追加してもらう。
- ルールを出しつくした後で、必要不可欠なものはどれか、突破できる境界線はどこかを分析する。
- 仕事に取り入れるには、あまりにも突飛で最悪なものを挙げる。そこからスタートして、役に立つアイデアへと昇華させる。
- リチャード・ブランソンやマイケル・デルならば、自分の業界でどうやって新しい会社を興すだろうかと考えてみる。

価格のなぞ

たいていの店では、切りのいい数字の少し下に値段を設定している。

たとえば一〇ドルではなく九ドル九九セント、一〇〇ドルではなく九九ドル九五セントという具合に。

これは、消費者に安い印象を与えるためだと思われているが、実は当初の目的は違っていた。

さて、この手法の本来の理由とは?

↓
答えは259ページ

方法7
アイデアの量を増やす

よいアイデアを得るためには、
たくさんのアイデアを得ることだ。

――ライナス・ポーリング

アイデアは質より量だ！

次のラテラル・シンキングスキルは、「アイデアの量を増やす」だ。

今の教育システムの大きな問題の一つは、設問に対して正解が一つしかないことだ。選択方式の試験は、生徒に一つの正解を選ばせ、三つの不正解を捨てさせる。その結果、生徒たちが学校を卒業するころには、「正解」を見つければ問題は解決する、と信じて疑わなくなる。

だが不幸にも、現実の世界はそうではない。**すべての問題には、たくさんの解決策がある。**私たちは学校で習ったやり方を捨てて、常により多くの、そしてよりよい解答を探し求めるようにしなければならない。

創造的になるためには、試すべきアイデアを絞り込む前に、無数のアイデアを生み出すことが必要だ。会社をもっと革新的にするには、アイデアの量を増やさなければならない。そうすれば、収穫は増える。

ではなぜ、無数のアイデアが必要なのか？　だいたい、はじめのうちに出てくるものは、簡単でつまらないものばかりだからだ。もっと多くのアイデアをひねり出すにつれて、ますます奇抜でばかばかしく、創造的な――画期的な解決策になる可能性を秘めた――アイデアが出てくるのだ。

トヨタの社内提案活動では、年間二〇〇万件以上のアイデアが生まれている。全社員の九五パーセント以上が参加し、社員一人当たり年間三〇件以上の提案を行っている計算になる。

最も注目すべきなのは、提案のなんと九〇パーセント以上が実行されていることだ！

トーマス・エジソンは何度も実験を行った。彼は言った。「天才とは、一パーセントのひらめきと九九パーセントの努力だ」。エジソンは、九千回以上の実験ののちに電球を発明した。蓄電池に至っては、実験はおよそ五万回にも及んだ。彼は今でも、特許の数の記録を持っている――なんと一〇九〇以上もあるのだ！

彼の死後、アイデアやメモがぎっしりと書かれたノートが三五〇〇冊あまりも発見された。こうして、驚異的な量のアイデアをアウトプットしたことで、これほど多くの偉大な発明を成し遂げたのだ。

ピカソは二万点以上の作品を描いた。バッハは少なくとも週に一曲、作曲している。

偉大な天才たちは、おびただしい数の作品を生んでいた。
大量に生産することによってしか、すぐれたものは生み出せないのだ。

数多くの作品とスタイルを生み出している、最近のアーティストの例がマドンナだ。彼女は多くの曲をつくり、プロデュースしているだけでなく、何度も新しい自分をつくってきた。一つのスタイルで成功してもあきたらず、常に新しい形への挑戦を続けている。

これまでも、マテリアルガール、ヴァージン、「ブロンド・アンビション」ツアーのフェミニスト、セックスシンボル、ゲイ・アイコン、「エビータ」での古典的女優、そして母親などを演じてきた。

それぞれの挑戦をすることで、固定ファンを失うリスクはあったが、それはよい結果を生んだ。平凡なアーティストが徐々に忘れ去られていくなか、彼女は今も第一線で活躍し続けているのだから。

とにかく、アイデアを出してみる

水をある地点から低い地点へサイフォンを使って吸い出すとき、水はいったん上昇してから下っていく。時にアイデアも、機能するレベルに達する前は、ばかばかしいものかもしれない。

陶器製の花瓶の梱包をしているある企業は、梱包材として新聞紙を使っていた。そこでの問題は、梱包の作業員が新聞紙を丸める際に、気になる記事に目をとめて作業を中断してしまうことだった。

いろいろな解決策が試されたが、梱包というのはどうしても退屈な作業なので、作業員が記事に気をとられるのもしかたないと思われた。

そこでブレーンストーミングの会議が行われ、ある管理職が、記事を読むことをやめさせるため、従業員に目隠しをするというアイデアを提案した。こんなばかばかしいアイデアが出たことで、ほかの参加者がよいアイデアを出してきた。視覚障害者を雇ったらどうか、というのだ。これを実行してみると、彼らは非常に熱心に働いてくれた。

その会社は、よい解決策を見つけたばかりか、社会貢献度も評価されたのだった。

ブレーンストーミングやその他の方法を試すとき、二〇や一〇〇のアイデアを出したところで妙案は出てこない。アイデアの質は、量が増えれば落ちるということはない——後に画期的なアイデアが生まれ、そこからラテラル・シンキング的な解決策が生まれることはよくある。

出たアイデアを三つに分ける

たくさんのアイデアを出しても、それをふるいにかけ、実行する価値があるものを選ばなければ意味がない。イノベーションのための勉強会に参加しても、その後に続く追求がなければ、みな信用しなくなるだろうし、勉強会を議論するだけの場とみなすことだろう。

たくさんのアイデアが出たら、すぐにそれらの絞り込みに取りかかろう。その一つの方法が、①**よいもの**、②**だめなもの**、そして③**面白いもの**、**に選別する**ことだ。

図9　アイデアは3つに分類

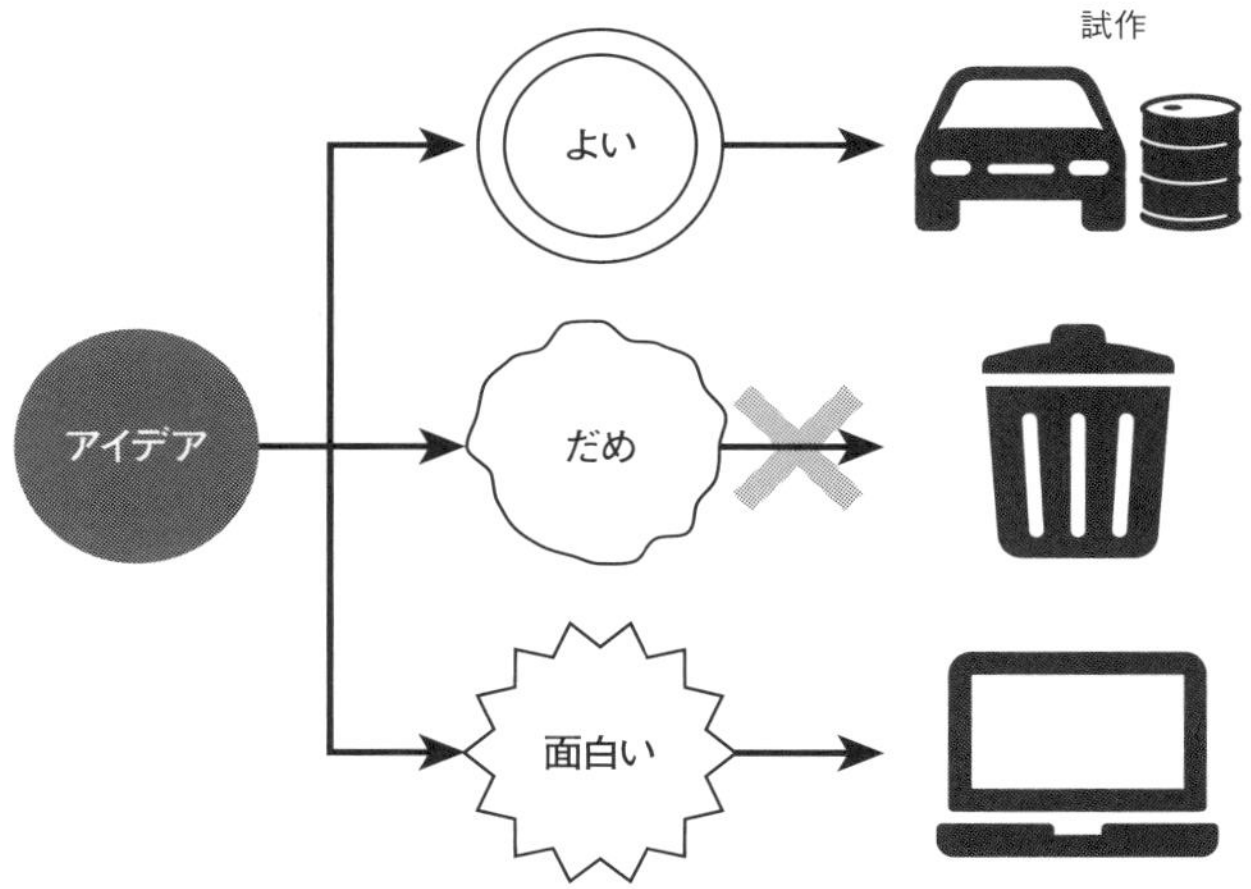

明らかによいアイデアもあれば、明らかにだめなアイデアもある。ただし、だめなアイデアと判断するときにも、それを応用したり、ほかのアイデアと組み合わせたりして使うことはできないか問い続けよう。

もう一つの「面白い」アイデアとは、見込みはあるが、厳しい課題が伴うもの。ここから絶好のアイデアが生まれることもあるので、これについてはよく考え、時間をおいて再度取り上げるようにする。

見込みのあるアイデアは、さらに分析し、次項で述べる「試作」の段階に移そう。

面白いアイデアは、データベース化し、温めておこう。後になって、応用したり組み合わせたりして、それらを価値あるものに変える方法が見つかるかもしれないからだ。

あとでご紹介する「六つの帽子」は、興味を刺激するアイデアを冷静に評価し、応用し、発展させるのに特に役立つ方法だ（→249ページ）。

アイデアを増やすためのヒント

- 問題をブレーンストーミングにかける。
- アイデア数の目標を高く設定し、それを上回るようにする。
- 会議の熱意を高く保つ。
- 新しいアイデアを奨励する。
- どんなにばかげたアイデアも批判しない。とりあえず書き留める。
- カラーペンを使って、アイデアを分析し相互につなげる。
- アイデアを改良したり、応用したり、組み合わせる方法を探す。
- 会議の熱意が落ちたら、アイデアを集めるのをやめる。
- 「六つの帽子」を使って、最も有望なアイデアをさらに分析する。

発想力を磨くラテラル・シンキングクイズ8

七つのベル

ニューヨークに
「七つのベル」という名の店があるが、
その店の表には
八つのベルがぶら下がっている。
なぜ？

↓
答えは260ページ

方法8
試してみて、評価する

世界に変化を望むなら、
自らがその変化となれ。

――マハトマ・ガンジー

試してみなければ、何もはじまらない

創造的なアイデアを考え出しても、それを試してみなければ、ラテラル・シンキングのスキルがあるとは言えない——ただの風変わりな思想家だ。

ラテラル・シンキングができるようになる八つめのステップは、見込みがありそうなアイデアを、ある程度分析したらすぐに試してみることだ。

「分析による麻痺状態」——事をはじめる前に、細部に至るまで延々と研究し、慎重すぎるほどの評価をすること——に陥ってはいけない。どんな状況でも、先行実験を行うことや試作品をつくることは、アイデアを洗練するうえで、成功への近道となる。

ラテラル・シンキングができる人は、
アイデアを調べるには試してみるのが一番だと思っている。
彼らは行動を起こそうとする。八五パーセントの準備ができた段階で動くほうが、九九パーセントの準備が整い、遅きに失するより賢明だと信じているのだ。

パソコンソフトのメーカーは、長きにわたって、社内でずっとテストするよりも、ベータ版（未完成）の段階でユーザの手に委ね、フィードバックを得るようにしている。製品やサービスを、社内で完全にテストすることは不可能だ。ユーザがどのように製品を使うかなど、正確にはわからないのだから。

だからといって、ラテラル・シンキングができる人は、早い段階でテストをしようと品質をないがしろにするわけではない。彼らは、テストがしっかりと管理され、かつ市場の一部で行われるという前提のもとで、ある程度の品質と引き換えに、スピードを優先する。彼らはリスクを計算しているのだ。

試作品を軽く見るな

アイデアに現実味を与えるには、試作品をつくることが一番の早道だ。試作品がなければ、アイデアは抽象的なままだ。言葉だけで表現しても、誤解されることがあるし、自分の思い描くものを正確に伝えることは難しい。

しかし試作品があれば、アイデアを、見て、触って、感じることができる。改良への意見も、中身の濃いものが次々と出てくるだろう。

試作品が、厚紙とひもでできた模型でも、また背景のないスケルトン画面だけのアプリケーションソフトでも、それをもとにアイデアを洗練させることができるのだ。

エジソンをはじめとする偉大な発明家は、アイデアをテストするために何千もの試作品をつくった。

イギリスのジェームズ・ダイソンは、「デュアルサイクロン」を内蔵した新しいタイプの掃除機を発明した。彼はメーカーと銀行を納得させ、支持を得るために、五〇〇〇以上もの試作品をつくり、支援を得ることに成功した。彼は一九九三年に最初の製品を発売し、二年と経たないうちにイギリスで一番のシェアを獲得した。

ケンブリッジ大学の研究員、フランシス・クリックとジェームズ・ワトソンは、ＤＮＡの構造を解明する研究に取り組んでいた。彼らは模型をつくることで、今では広く知られる二重らせん構造を視覚化することに成功し、一九六二年にノーベル賞を獲得した。

テストを成功させるためのヒント

▼手短に分析を済ませる。アイデアの検討が終われば、それを実行してみる。くれぐれも、研究と市場調査にはあまり時間をかけない。

▼ポイントになる顧客や地域を選んで、アイデアを試す。小さな規模でやってみる。

▼「実験」のほうが承認と予算を獲得しやすいので、大掛かりにはしない。

▼顧客の反応とフィードバックを念入りに分析し、アイデアを改良する。

▼たとえ当初の反応がよかったとしても、新しいアイデアに社運を賭けない。

▼常に予備のプランを準備しておく。うまくいかなければ、被害の少ないうちに手を引く。そこで教訓を学び、次に進む。

▼取り返しがつかないところまでアイデアを深追いしてはならない。何か新しいことに挑む。

イノベーションの性格を知る

アイデアを試したら、今度は起こりうるイノベーションについて評価する。

イノベーションを評価するには、実行した際の難易度と影響度を座標軸にして、四つの象限に分けるとわかりやすい。

縦の軸は実行の困難さを表し、易しいものから大変難しいものまでに分けられる。横の軸は変化の重要さを表し、影響度が低く見返りの少ないものから影響度が高く見返りの大きな（おそらくリスクも大きい）ものまでに分けられる。

どんなイノベーションも、その影響度は最初から正確には予測できない。利益についても、可能性を計算する必要がある。

通常、根底から覆すようなイノベーションは、リスクが高く見返りも大きいものだが、時には見返りが大きくリスクが小さいものもある。

図10のように、イノベーションをⅠからⅣに分けて考える。

図10　イノベーション　4つのタイプ

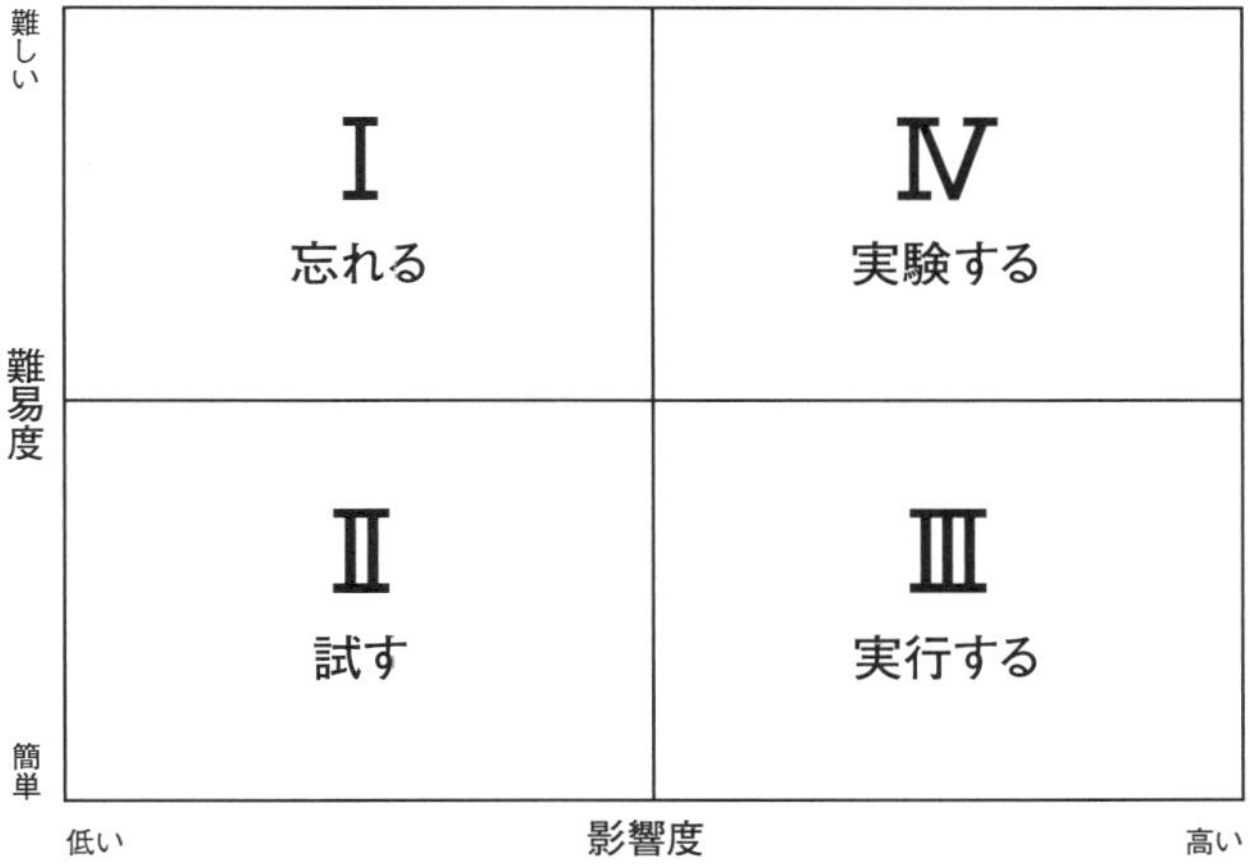

Ⅰ　実行することが難しく、影響度が低い。これらは忘れて、ほかの見返りが大きいものに目を向けよう。

Ⅱ　実行しやすく、影響度が低い。状況に応じてやる価値がある。たとえば、価格設定や顧客サービスを少し変えてみることは、時によって実行しやすいし、益もある。

ここで強調すべきは、すぐにやることと、影響度を注意深く調べることだ。そうすれば、手早く教訓が得られる。

Ⅲ　実行しやすく、大きな見返りが期待できる。実に理想的だ！

積極的に進めるべきだが、それでも計画、実行には注意が必要だ。

Ⅳ　多くの見返りが期待できるが、実行するのは困難。大規模な事業方針の転換などが考えられる。典型的な例として、メーカーが、市場に初めて持ち込むサービスを行う企業へと業態転換することが挙げられる。

これは回避されることが多い。リスクと恐怖が伴うからだ。経営陣は、現在のやり方を改善することや、Ⅱに含まれる比較的容易な変化に焦点を向けて、大きなイノベーションから目を背けようとする。

しかしⅣは、組織を一変させるチャンスにもなるので、ぜひとも取り組んでみよう。何もしないことにも大きなリスクがあるし、Ⅲのような楽な選択肢はまずないからだ。最善の策は、**部署を越えたチームをつくり、予備実験を行って反応をうかがう**ことだ。実行には困難がつきまとうし、組織に大きな変化を起こすものだからだ。組織全体で性急に実行しようとするのは、あまりにもリスクが大きく、多くの反対を生む。

アイデアを評価する（ゲーティング法）

PDMA（製品開発管理協会）の研究によると、アメリカの主要メーカーの六八パーセントが、アイデアを製品化する過程において、**「ゲーティング法」**を使っていることがわかった。ゲーティング法とは、次の段階へ進めるアイデアとそうでないアイデアを選別する方法だ。

ゲーティング法は、図11に示すように、ロートの形状をしている。さまざまなアイデアがロートの上から流しこまれ、一連のゲートを通過していく。だいたい、それぞれのゲートで約三分の二のプロジェクトが落選する。

この方法が、アイデアを生かすか殺すかの判定といわれることがあるが、次に進めないアイデアは完全に抹消されてしまうわけではない。後で復活したり、ほかのアイデアと組み合わせられることがあるので、保留となった理由といっしょにデータベースに戻される。

図 11　ゲーティング法

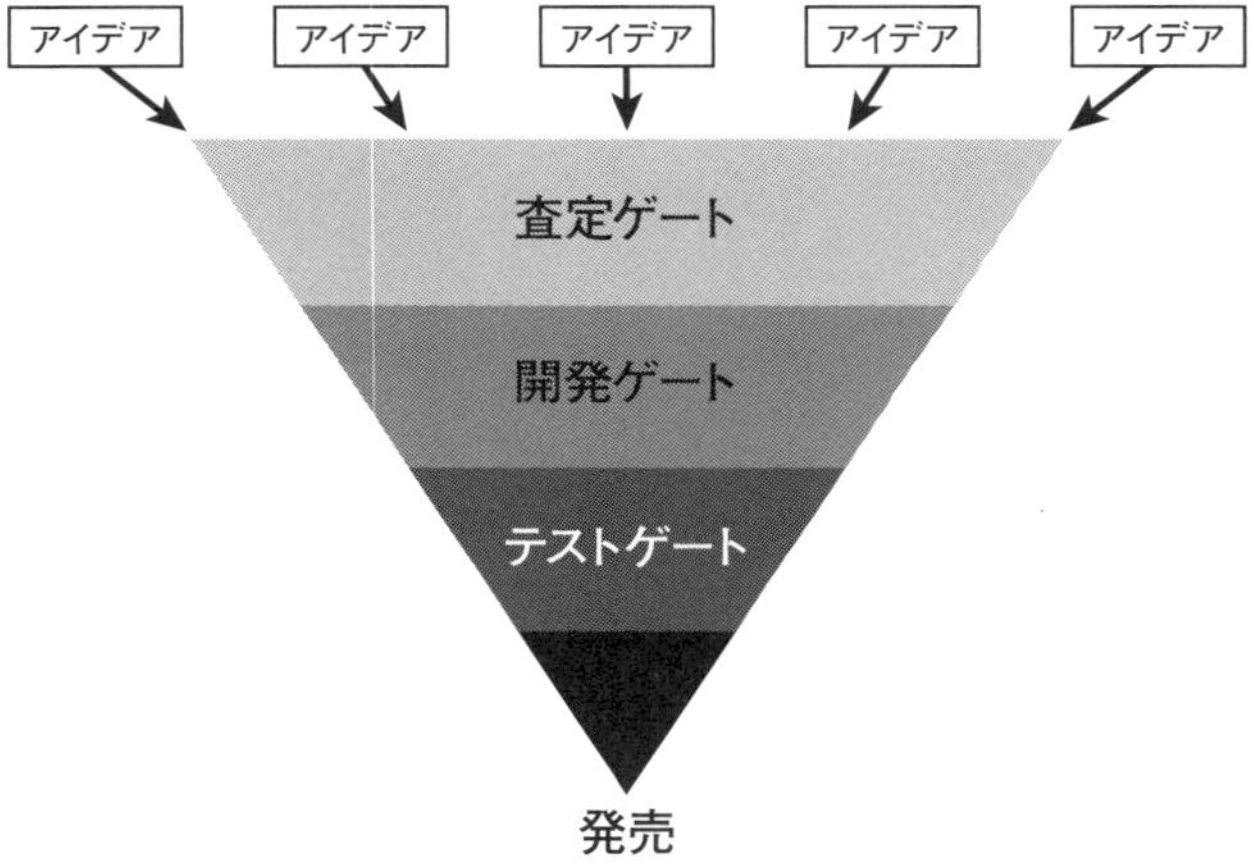

図 12　ステージゲート法のプロセス

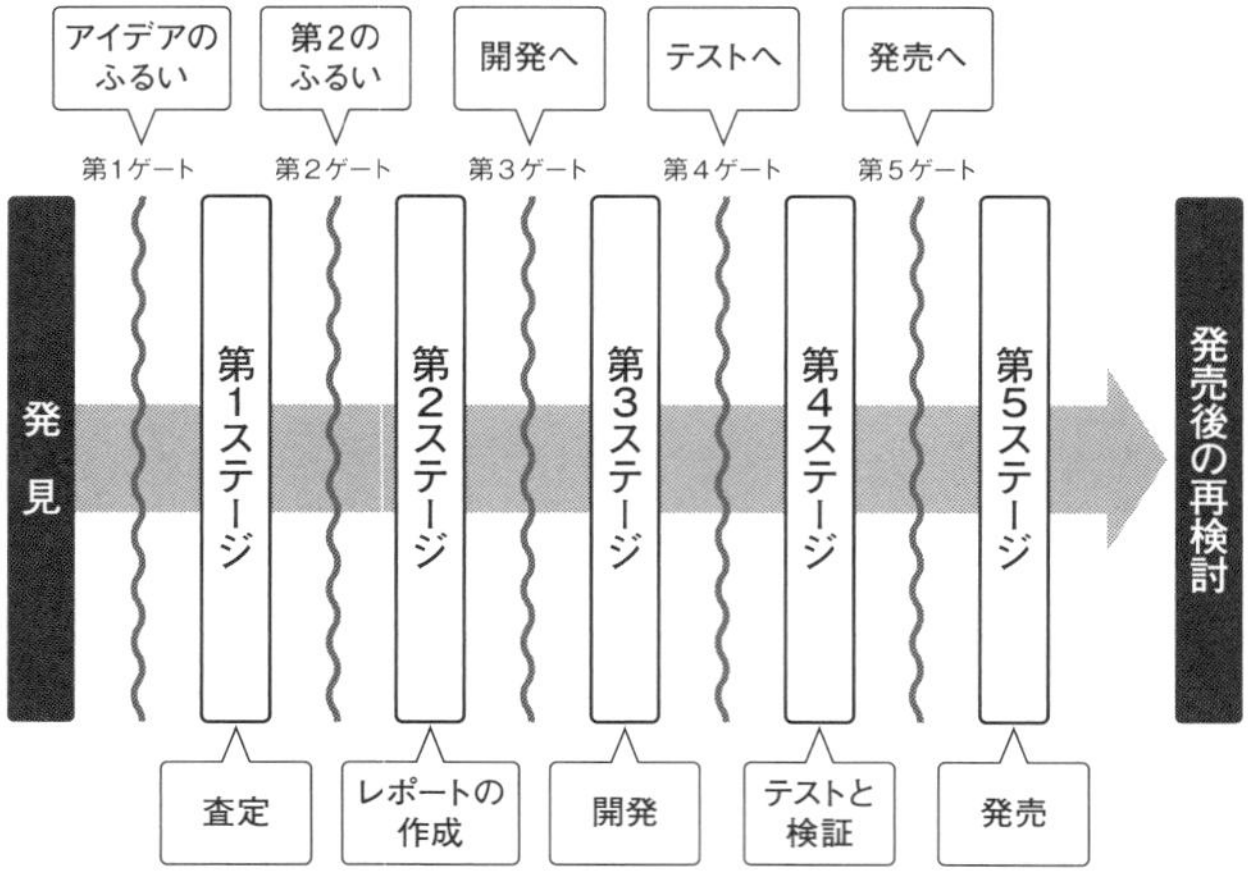

ゲートの数は、製品の複雑さと開発費用に応じて決まる。小さな企業では、一つか二つの審査しかないかもしれない。グラクソ・スミスクラインのような製薬企業では、新製品の開発にあたっては、およそ三五ものゲートが設けられている。それだけ製薬は、莫大なコストとリスク、そして見返りをはらんでいるということだ。

一方、ソニーは、年間一〇〇〇点以上の新製品を発売している。発売にこぎつけるのが一〇〇〇点以上だから、ロートに入れられるアイデアの数は莫大なものだろう。

よく知られているゲーティング法が、ボブ・クーパーとスコット・エジェットが商標をもつ「**ステージゲート法**」だ。この手法は実にうまくつくられている（図12参照）。クーパーは、アイデアの発見のあとの五つの重要なステージについて、次のように表現している。

○**第一ステージ**　査定。プロジェクトの技術的なメリット、市場予測について、迅速に費用をかけずに査定する。

◯第二ステージ　レポートの作成。プロジェクト成功の可否を左右する重要なプロセス。レポートには、三つの大きな要素（定義、理由づけ、計画）が含まれる。

◯第三ステージ　開発。レポートの計画を、具体的に落とし込む。精密な工程表を作成し、マーケティングの計画もつくる。また、次ステージのテストの計画を明確にする。

◯第四ステージ　テストと検証。プロジェクト全体の最終的な検証データ（製品自体、製造工程、顧客の支持、プロジェクトの採算など）を提供するのが目的。

◯第五ステージ　発売。完全な商品化。本格的な生産と販売の開始。

各々のステージではチーム作業が必要となる。部門を越えたチームが、鍵となる指標をもとにプロジェクトを分析し、次のステージに進めるべきかどうか決めるために情報を集める。

プロジェクトにひそむリスクと見返りを算定するために、業務上、技術上、マーケティング上、そして財政上の問題を調べるのだ。

次のステージに進むには、各ゲートのハードルを越えなければならない。それぞれのステージでは、前のステージよりさらに踏み込んだ収支予測と成果の上乗せを要求され、ハードルはどんどん高くなる。こうして、基準に満たないプロジェクトは脱落していく。ゲートを通過するにつれて、プロジェクトへの理解が深まる。その結果、リスクが低減され、資金やマーケティング資源が投下されるようになるのだ。

地下鉄の電球

アメリカのある都市では、地下鉄の電球の盗難が問題になっていた。簡単に緩められては盗まれていくのである。経費面と安全面で頭の痛いこの問題をまかされた鉄道の技術者には、電球の位置を変えずに、また経費もわずかという厳しい条件があった。

しかし、彼はいかにもラテラル・シンキング的な解決法を思いついた。

さて、その解決法とは？

↓答えは260ページ

方法9
失敗を歓迎する

人の真似をして成功するより、
独創して失敗するほうがましだ。

――ハーマン・メルビル

失敗から学ぶことはたくさんある

ラテラル・シンキングができるようになる次なる方法は、失敗を歓迎することだ。革新する自由、実験する自由、成功する自由があるなら、失敗する自由もある。AT&Tのディーパック・セシィが言うように、会社の未来のためには失敗が必要だ。多くのことにまず挑戦しなければ、成功を生むチャンスをものにすることはできない。

一九五〇年代、ジャクージ兄弟は、関節炎の人々を治療する目的で泡風呂を発明した。その製品は効果はあったが、売れなかった。ターゲットにした市場、つまり関節炎を患う人々の中に、その高価な風呂を買える人はほとんどいなかったのだ。

彼らはそのアイデアをあきらめず、今度は同じ製品を、違う市場で――裕福な人のための贅沢品として――再び売ることに挑んだ。そしてそれは大成功を収めた。

シリコンバレーを、ハイテク成長の原動力として成功に至らせたものは何だろうか？それは失敗の進化だ。評論家でもあり作家でもあるマイク・マローンはこう述べている。

「はたから見ればシリコンバレーは成功の地だが、実際は失敗の墓場なのだ。失敗こそシリコンバレーの最大の強みだ。製品や事業のあらゆる失敗は、教訓となって記録に残されている。

我々は失敗に汚名を着せるどころか、むしろそれを称えている。投資家たちも、起業家の経歴の一部に失敗があるのを好むものだ」

ホンダは一九五九年に、小型バイクでアメリカ市場に参入した。だが同社は失敗を繰り返し、東京近郊での小型バイクの人気が、アメリカの広い道路では通用しないことを思い知った。

そして最終的に大型バイクを発売し、それが絶大な人気を得ることになる。

創業者の本田宗一郎は言った。「多くの人は成功を夢見ている。成功を手に入れるには、失敗と反省を繰り返すしかない。成功は、仕事の九九パーセントを占める失敗の結果の、一パーセントの部分なのだ」。

偶然をうまく使う

コロンブスは、インドへの新しい航路を発見しようと出発したが失敗に終わった。しかし、代わりにアメリカ大陸を発見した（コロンブスはそこをインドと思い込み、現地の人をネイティブインディアンと呼んだのだが）。

シャンパンは、ドン・ペリニョンという修道士が過ってワインを二次発酵させたことで生まれた。

一八三九年、チャールズ・グッドイヤーは、硫黄の混ざったゴムを偶然にストーブの上に落とし、加硫法を発見した。一八四四年には特許を取得している。彼は偶然を利用して、大きなイノベーションを遂げた。

３Ｍは、のりを開発しようとしたが失敗した――接着しなかったのだ。しかしそれがポストイットのもととなり、結果的に大成功を収めた。

プロクター＆ギャンブルのアイボリーソープは、ミスの結果生まれた。ある作業員が機械を動かしたまま食事に出た。戻ってみると、格段になめらかで泡立ちのよい石けんができていたのだ。

彼はすぐにこれをマーケティング部門に持ち込んだ。彼らはこの偶然をものにして、新しいブランドを生むことに成功した。

ファイザーの科学者は高血圧を抑えるための新薬、バイアグラをテストした。テストにあたった一団は、高血圧の薬としては失敗だが、ある有益な副作用があると報告した。

ファイザーはその副作用についてくわしく調査し、その薬が男性の精力増進に劇的な効果があることを発見した。バイアグラは、史上で最も成功した失敗の一つだった！

一九七八年、ソニーの技術者たちは小型の携帯テープレコーダーの開発に取り組んでいたが、うまくいかなかった。小型化には成功したが、録音させることができずにいたのだ。これではテープレコーダーの体をなさない。プロジェクトは失敗とみなされた。

ソニーの会長だった井深大は、失敗に終わったこのプロジェクトと、軽量ヘッドホンを開発している別のプロジェクトを結びつけることを考えた。彼は、二つのプロジェクトを組み合わせ、テープを再生して軽量ヘッドホンで聞ける携帯装置をつくることを提案した。

こうしてソニーのウォークマンが生まれたのだ。
業界の専門家たちは、録音ができずスピーカーもないテープレコーダーのアイデアを一笑に付した。だが、その斬新な製品が市場で大成功を収めたことで、彼らが間違っていたことが証明された。

一九二八年、イギリスの科学者アレクサンダー・フレミングは、数々の伝染性の細菌を用いて研究していた。あるとき、シャーレの一つにカビが発生しているのが見つかった。たいていの研究員ならそれを捨てるだろうが、フレミングは細菌がカビの周囲を避けているのに気づいた。彼はその偶然を研究し、驚異の薬、ペニシリンを発明したのだ。その後、この薬は数え切れない人の命を救うことになった。

偉大な発明や発見には、偶然や失敗の結果生まれたものがある。
重要なのは、どんな小さな情報にも可能性を見出す、柔軟な姿勢をもつことだ。
そうすることで、フレミングのようにチャンスをつかむことができる。

失敗を、成功への通過点とみなす

たとえ失敗が直接成功につながらなくとも、道中の一歩とみなせばよい。エジソンの「失敗」への姿勢が参考になる。

彼は、なぜそんなに多くの実験が失敗するのかと尋ねられ、それらは失敗ではないと答えた。毎回、うまくいかない方法を発見しているのだ、と。

トム・ワトソン・ジュニアはＩＢＭの伝説的社長だ。彼はＩＢＭの最盛期を築き、同社をアメリカで最も賞賛を浴びる企業にした。彼は、型破りなアイデアをもつ人々を、「ワイルドダック（野ガモ）」と称して歓迎した。

こんな話がある。ある試みに失敗して会社に一〇〇〇万ドルの損害を与えた副社長が、ワトソンに呼ばれた。副社長は当然解雇されると思い、用意していた辞表を提出した。ワトソンはそれを受け取らずに言った。「君にはやめてほしくない。我々は君に一〇〇〇万ドルに値する勉強をしてもらったのだよ」。

ヴァージングループの創始者であり代表者であるリチャード・ブランソンも、失敗を歓迎する社長の一人だ。

彼の本を出版したジョン・ブラウンは、彼をこう評している。「彼の成功の秘訣は失敗にある。何事にも挑み続け、実に多くのことに失敗しているが、彼は気にもしない。彼はただ歩み続けるのだ」。

一九八五年、コカコーラは従来の「コカコーラ」に代わる新しい風味の「ニュー・コカコーラ」を発売した。消費者テストの時点では好感触を得ていたが、惨たんたる結果に終わった。

コカコーラは辛酸をなめ、従来の「コカコーラ」を再発売せざるを得なかった。

はたしてこの大失敗は、コカコーラに長期的なダメージを与えただろうか？　そんなことはない。

上級管理職やマーケティングの専門家たちは責任を取って解雇されただろうか？　いや、されていない。試みは失敗したが、コカコーラは生き残り、それによってさらに強くなったのだ。

図13　失敗は成功への一歩

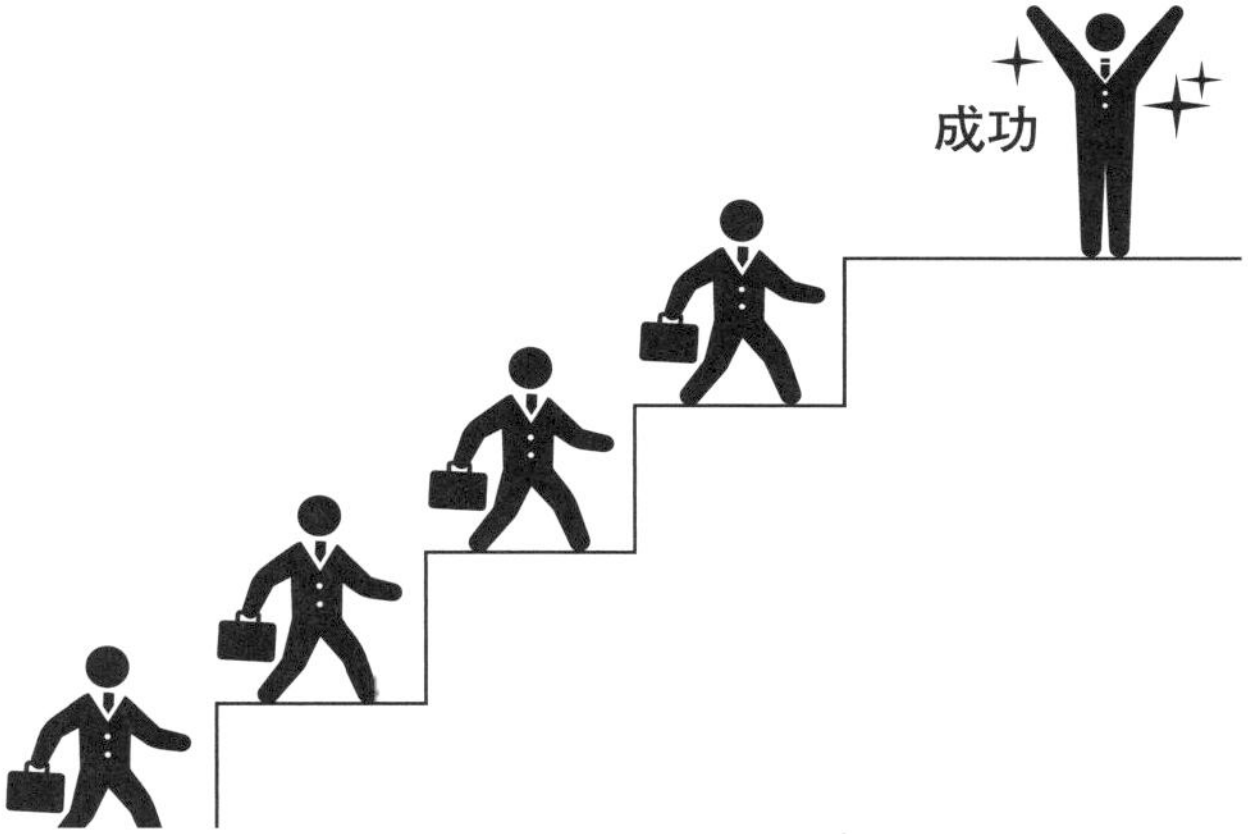

ビル・ゲイツは、マイクロソフトのCEOの職を辞し、成長戦略のリーダーシップをとることに専念した。

彼はマイクロソフトリサーチ社に入れ込んだ。同社は、彼が一九九〇年代初期に興した六〇〇人の集うシンクタンクで、ソフトウェア技術、ユーザインターフェース設計、音声認識、コンピュータグラフィックスなどの技術革新を目指していた。

彼の同僚はこう述べている。「ビルはチャンスをつかむまでの長い道のりをいとわない。何事にも挑戦しなければならないことを知っている。イノベーションを遂げる真の秘訣は、早い段階で失敗することだからだ」。

ラテラル・シンキングができる先達は、
物事を試す姿勢を重視していた。
一つひとつの失敗は成功への一歩だと、
まわりの人にも知ってもらおう。

あるベンチャー投資ファンドの哲学が参考になる。

彼らは非常に注意深く投資先を選ぶが、その心配とは裏腹にこう思っている――一〇件の投資先のうち、五件は失敗、三、四件はまずまず成功。大きく成功するのは一、二件だろう。この一、二件の成功で、一〇社のポートフォリオ分の投資は十分に元が取れる。

――ビジネスの考え方も、これとよく似ているのではないか。

失敗を歓迎するためのヒント

▼失敗を二つに分ける。
一つは「名誉ある」失敗、つまり新しいことに真摯に取り組んだうえでの失敗。
もう一つは「無益な」失敗、つまり努力や能力が足りないことによる失敗。

▼まわりのスタッフに、「名誉ある」失敗は非難されないことをよく知らせる。

▼まわりの人に、何か革新的なことに挑んだ結果、犯した失敗について、それを認めさせる、あるいは自慢もさせる。
リスクを非常に嫌い、責任をとらせようとする風土の組織では、「名誉ある」失敗に報奨を与えることで問題に正面から挑む。その人を賞賛し、報奨を与える際は公然と行うこと。

素材の活用

カリフォルニアでのゴールドラッシュの折、ある若い起業家が採鉱者にテントを売ろうと現地に向かった。

彼は、現地に群がる多くの採鉱者相手によい商売になると目論んでいた。

しかし残念なことに、現地は気候が温暖で、野外で寝泊りできるため、テントは売れなかった。

そこで彼はどうしたか？

↓答えは260ページ

方法10

チームを活用する

実質的な経済成長の原動力は、
テクノロジーではなく革新である。

―― AMD（Advanced Micro Devices）社CEO
ヘクター・ルイズ

一人では何もできないと考えよ

本書でご紹介するラテラル・シンキングスキルの最後は、チームを活用することだ。

世間には、創造力は、孤高の天才だけに舞い降りてくるという根強いイメージがある。しかし**現実には、アイデアを創造していくには、チームを組んだほうがいい**のだ。

小さなチームでは、お互いに刺激しあうことができる。ある人のアイデアが引き金となって、ほかの人のアイデアが引き出される。偉大な発明家のエジソンにしろ、すべてを一人で発明したわけではなく、一四人もの助手チームを抱えていた。

スティーブ・ジョブズについて書かれた、『スティーブ・ジョブス　パーソナル・コンピュータを創った男』（一九八九）の中で、彼は、アップルのマッキントッシュはまさにチームによってつくられたと語っている。彼はメンバーの努力と貢献を認め、梱包の内側に彼らの名前を載せている。

ラテラル・シンキングができる人は、

創造的な風土を組織全体に浸透させる方法も知っている。そこではすべての社員が自分のことを、アイデアを提供する起業家だと思っている。

どんなにばかげていようとも、すべてのアイデアを歓迎しよう。だめなアイデアでもよいアイデアを生む助けとなるからだ。

上級管理職や「ベテラン」がしゃしゃり出て、新しいアイデアを批評したり過度の分析をしたりしないことも大切だ。彼らが、自分の知識をひけらかして他人のアイデアを打ち砕けば、いつか水を噴き出すかもしれない源泉を止めてしまうだろう。

では、まわりの人々に、アイデアを進んで出してもらうにはどうすればいいだろうか？そのためには、**チームや部署、または組織全体に課題を投げかける**のがいい方法だ。そこでこう伝える。私たちは差し迫った問題を抱えており、よい解決策を見つけ出すのにあなたたちの助けが必要なのだ、と。

誰かがあるアイデアを思いつき、最終的にそれがイノベーションにつながったときには、彼らを賞賛し、報酬を与えよう。よいアイデアが歓迎され、突飛なアイデアが笑われることなく、誰もが組織の成功に貢献できるといううわさはすぐに広まるのだ。

ある大手の化粧品会社が、社員に二つの問題を投げかけた。どうすれば歯磨き粉がもっと売れるか？　どうすればシャンプーがもっと売れるか？

社員から出された回答のうち、二つが採用され、大きな成果をあげた。

一つは歯磨き粉が出る穴を大きくして、歯ブラシの上にたくさん出るようにすること。もう一つはシャンプーの使用方法に「repeat」という言葉を加えることだった。

組織のすべての人に関係する問題は、組織全体の課題にできる。会社や新しい製品、部署の名前を決める場合がよい例だ。

しかし、新しい製品の設計などの具体的な問題になると、この問題に専念するチームを編成したほうがよい。彼らに問題を一任し、解決まで一気に取り組ませるのだ。

こうすることで、これまでは長くかかっていた、新しい製品を市場に出すまでの準備期間を、劇的に短縮することができる。

チームをつくり、すべてをまかせる

一九九五年、ゼネラルモーターズは、音声による車載通信サービス（オンスター）の開発を目指し、この担当者に、社内の異端児だったチェット・フーバーを任命した。彼は、半分以上を社外の人間が占めるチームを編成した。

この事業の当初のコンセプトは、ＥＤＳとヒューズ、ＧＭの三社の提携だった。しかし、フーバーはそれではうまく運営できないので、ＧＭ内のベンチャーでやろうと考えた。フーバーは、ＧＭのような大企業の中でもイノベーションができると思ったのだ。

その後、オンスターは二〇〇〇万人以上の加入者を獲得し、ＧＭ車だけでなくアキュラ、アウディ、レクサス、スバルにも標準装備されるようになった。オンスターの加入者は、一〇〇〇人以上のコールセンターのオペレーターにより、ドアのロック解除から盗難車の発見に至るまで、サービスを受けることができる。

フーバーは、社内の人間を尊重し、外部の人間に耳を貸すチームをつくれば、大企業でも社内でイノベーションが起こせると信じていたのだ。

グーグルはイノベーションを重ね、検索エンジンのポータルサイトの雄となった。同社はどこからアイデアを仕入れているのだろうか？

当然、社員からである。同社は、新しいアイデアが絶え間なく出てくることを重視し、あらゆる部門の社員が、社内のウェブページ上でアイデアを提案できるようにしている。

製品管理部門長のジョナサン・ローゼンバーグは、こう言っている。「私たちは、『イノベーションはこのグループの仕事。ほかのグループは、自分たちの仕事だけすればよい』とは決して言わない。うちでは誰もが時間の一部を研究開発に充てている」。

そして、会議でアイデアを出すことにいつも気後れする人でさえ、イントラネットのページには、喜んで投稿することがわかった。よいアイデアは、金曜日の会議で最大一〇分の持ち時間が与えられ、一つひとつ披露されている。

会議は手短に済まされ、あくまでも行動志向である。アイデアを思いついた人が、それを実現する役に任命される。

大手玩具メーカーのマテルは、バービーのブランド――女の子向けの人形で年間二億ドルの収益を生んでいる――で莫大な成功を収めた。この成功を持続するために、同社は内部でイノベーションを起こそうと考えた。

そこで、女の子向け玩具の設計担当部長、アイビー・ロスは、「カモノハシプロジェクト」なるものを立ち上げた。

これは、カモノハシが異なる種の混合から生まれたことにあやかろうとするものだ。プロジェクトチームは、さまざまな部門から選抜された一二人で構成された、交代制のグループだった。

プロジェクトに加わる期間は三か月。その間彼らは、集中的かつ創造的に働く。まったく異なる環境で働くなかで、彼らは外部から刺激を受け、遊んでいる子どもたちに学び、そして自由にアイデアを創造しテストする。参加者たちはその経験を大いに楽しみ、創造的なスキルを各部署に持ち帰るのだ。

結果は目を見張るもので、新しい製品がこれまでより短い過程で次々と生まれている。アイボリー・ロスはこう言っている。「おもちゃをつくれるのは、デザイナーだけではない。創造的な思考力をもつ集団を、適切な環境に置き、仕事の題目を与えてやれば、そこで驚くべき創造力を目にするだろう」。

社員全員からアイデアを集め、分類する

では、どのようにアイデアを集め、分類するべきか？

今でもオフィスの一角に提案箱を置いている組織もあるが、もちろんこれも、何もないよりはましだ。今風のものでこれに近いのが、メールやイントラネットによるものだろう。

社員から湧き出るアイデアをとらえるためにどんなシステムを使っていようとも、重要なことはそれを分類し、それに反応することだ。

よい方法は、すべてのアイデアを記録し評価することだ。アイデアを思いついた人には、礼状を渡し、次に何が起こるか知らせよう。アイデアを無視するなら、最初から集めなければいい。

集まったアイデアは一覧表にして、次のようなカテゴリーに分類する。

○製品を改良、拡張するもの
○製品を安全なものにするもの
○コストを削減するもの
○社員の利益、福利に貢献するもの
○画期的なもの

「だめ」または「愚かな」という分類はないことに注意。
あらゆるアイデアは歓迎され、分析されるのだ。

創造にも訓練が必要だ

創造力は、一握りの人だけに与えられた、類まれな才能ではない。
方法を示されれば、誰でも創造的になれる。
誰でも創造的な能力をもっているのに、それを使っていないだけ。
あまりにも日常の業務に慣れてしまっているので、思考がマンネリ化しているのだ。

「付録1」で紹介するような方法を使って訓練や研修を行えば、創造スキルを柔軟にすることができる。

同様に重要なのが、これらの研修で、アイデアを生み変化や改良に積極的になることに自信がもてるようになることだ。適切な訓練を受ければ、質問する技術やブレーンストーミングのやり方、そしてアイデアを応用し、組み合わせ、分析し、選定するスキルが身につく。

そして、組織が必要とする革新的な原動力になれるのだ。

チームを活用するためのヒント

▼異なる経歴をもつ、違う部署のメンバーで、特定の問題にあたるプロジェクトチームを結成する。

▼チームは大きすぎてもいけないし、馴れ合いになってもいけない。

▼チーム内にはある程度、建設的な緊張感が漂うようにする。

▼経験や適性ではなく、素質や活力、熱意、そして創造的な才能に基づいて人選する。

▼チームに課題を投げかける。

▼目標と期限を決め、「月並みな手段」ではなく革新的な解決策を期待していることを知らせる。

▼活力と熱意を与えるために、ときどきチームのミーティングに顔を出す。

ミーティングを支配したり、自分の独擅場にはしないこと。

外部のチームもうまく使う

内部のチームは、確かにたくさんのアイデアや創造力、イノベーションの源となるが、それにも限界がある。外部からのインプットも必要と認めることも大切だ。

このことは、特に、ほかの産業や技術からアイデアを得る必要があるときに当てはまる。

ある大手石油会社が、北海で油田の採掘を行っていた。彼らは、中心となる油田につながっていない油の貯留層まで何とか到達しようとした。そして、爆破したほうが、掘り進めるよりも効果的であろうという結論に至った。

そこでその石油会社は、調査会社のキネティクに接触する。

同社はもともと、英国防衛省の科学調査機関で、爆弾と爆破の専門家だったため、この計画に貢献することができた。同社はまた、自動車メーカーに対し、高性能自動車の運転者環境の設計にも支援を行っている。これは、戦闘機のコックピットの設計や計器類の配列の知識があったからだ。

たいていの組織は、一つか二つの分野の専門的知識と、それに応じた技術しかもっていない。

だから時に応じて、外部の人に新鮮なアイデアや技術を求めよう。これは、大学やほかの企業、研究施設などと正式な提携をすることで可能になる。意識的に、ほかの業界の幹部に会ってみるのもいい。

創造力や変化を刺激する目的で、コンサルタントを招く方法もある。

彼らにはほかの業界の知識もあるし、部外者の観点から自分の仕事を見てもらえるという利点もある。**彼らは、あなたや同僚に染み込んだ前提や知識に縛られていることはない。**

コンサルタントの中には、前提の中から導き出した、性急な解決策を提示する人もいるかもしれない。しかし理想的なコンサルタントは、多くの「根本的な質問」をして、あなたが当然と思っていることに目を向けるように仕向けてくる。

顧客を観察する

もう一つ、アイデアの外部の源として重要なのが顧客だ。多くの企業は、型通りの顧客調査やグループインタビューを行っている。それはフィードバックを得る手段としては有効だが、独創的なアイデアはあまり期待できない。

顧客は、製品の改良や、値下げ、サービスの向上を要求するのは得意だが、ニーズを満たすような新製品を予見する力はない。ファックスが発明される前に、顧客の中でその必要性を唱えた人がどれだけいただろうか？

顧客から見識を得るいい方法は、**顧客の製品やサービスの使い方を細部まで研究し、彼らが抱える現実的な問題を観察する**ことだ。

シアトルのフルークは、革新的な手持ちサイズの計測機器で知られる。同社は、視察チームを化学プラントの保全技術者のもとへ派遣した。

図14　チームをうまく使え！

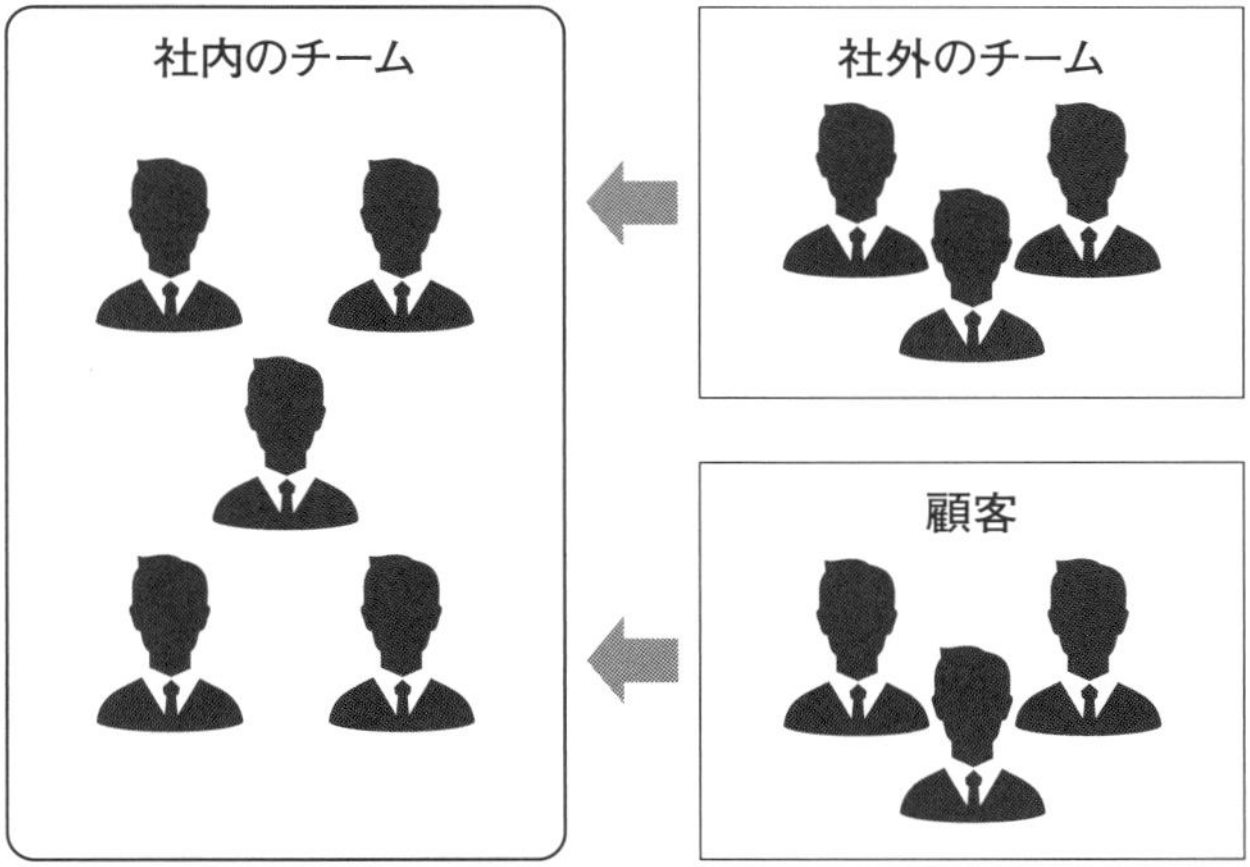

彼らが見たものは、そこの技術者たちが、さまざまな温度計や圧力計を調整するために、たくさんの道具を持ち運んでいる姿だった。

また、調整の後で、今度はクリップボードに指示値を書き込み、さらにそれをコンピュータに入力していたのだ。その工程には時間がかかり、またミスも生まれやすい。

そこでフルークは、フレキシブルなソフトウェアを使い、その化学プラントのあらゆる計器が調整できる新製品を設計した。それはまた、測定結果が記録でき、技術者のコンピュータに直接ダウンロードできるものでもあった。

こうして生まれたのが、フルークのドキ

ュメンティング・プロセス校正器である。それは大きな成功を収めた。

外部の情報源は幅広く活用するべきだが、イノベーションに向けた最終的な責任は、組織の中の上級管理職にある。

彼らは外部の専門知識と組織内部の創造力を活用し、自分たちの主導権を発揮して、創造的なアイデアを実現する必要がある。

ラテラル・シンキング型リーダーシップまで外部に求めてはならない。それは自らが発揮するものだ。

くわしくは「パート2」で解説する。

外部のアイデアを活用するためのヒント

▼社内のチームもいいアイデアを生み出してくれるが、外部のアイデアも取り入れる必要があることを認識する。

▼ほかの分野の役に立つ技術や工程を見極める。

▼意識的にほかの産業や分野の人々と交わるようにする。

▼異業種交流会やセミナーに参加することで、外部のネットワークをつくる。

▼地元の大学や研究所とのつながりをつくる。

▼新しいアイデアの源として、適度にコンサルタントを活用する。

▼顧客をアイデアの源として活用する。彼らに尋ねるのもよいが、彼らを観察するほうがさらによい。

▼外部からのアイデアも大事だが、実行されて初めてそれが生かされるのであり、それを選別し、実行するのは自分たちの責任であることを忘れてはいけない。

発想力を磨くラテラル・シンキングクイズ11

イージージェット

イージージェットは、
ヨーロッパの主要な格安航空会社。
同社は、格安航空便に関する
多くのイノベーションをもたらしてきた。
イージージェットの機内では、
飲み物は有料となっている。
最近の雑誌記事によれば、この方策によって
二つの大きな利益が生まれている。
一つは売上による利益だが、
もう一つは何だろうか?

↓答えは261ページ

Part 1 のまとめ

●困難を打開するには、いつもと同じやり方ではなく、大胆で新しいことに着手しなければならない。それがまさに、イノベーションだ。

●イノベーションをもたらす思考法を「ラテラル・シンキング」（水平思考）という。常識や既成概念にとらわれない、まったく新しい物の見方のこと。

●ラテラル・シンキングは、生まれつきのものではない。訓練や練習を積めば、誰でも多くのアイデアを生み出すスキルを身につけることができる。

●ラテラル・シンキングができるようになる一〇の方法

1　前提を疑う
2　探り出すような質問をする
3　見方を変える
4　奇抜な組み合わせをしてみる
5　アイデアを採用し、応用し、さらに改良する
6　ルールを変える
7　アイデアの量を増やす
8　試してみて、評価する
9　失敗を歓迎する
10　チームを活用する

●リーダーの役目は、スタッフにラテラル・シンキングのスキルを身につけさせ、組織をイノベーションにあふれた最強チームにすること。

Part 2
ラテラル・シンキングができるチーム・組織づくり

1

あなたの会社の革新度は?

あなたの会社の名前が
刻み込まれた弾丸を
つくっている起業家がどこかにいる。
あなたのとる手段は一つしかない。
先に撃つことだ。
革新家の先を行かねばならない。

——ゲイリー・ハメル

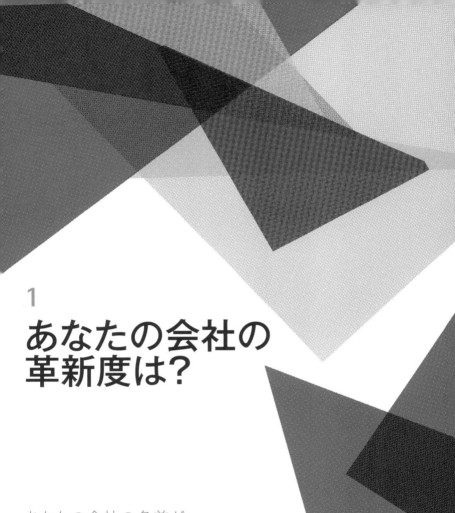

チームの全員にラテラル・シンキングが必要だ！

経営者は、通常の業務目標に加えて、常にイノベーションに着手し、それを指揮していかなければならない。社員もみな、そのイノベーションの責任の一端を担っている。日々の業務を首尾よくこなすだけでは不十分だ。

「クリエイティビティが必要なのは、研究開発やマーケティング担当の仕事」と思っているとしたら、とんでもない勘違いだ。

誰にでも創造力を発揮する場があるし、
またその義務もある。

営業部長は新しい販売ルートを見出し、小売店の販売意欲を煽らなければならない。
人事部長は社員を惹きつけ、確保するための独創的手段を見つけなければならない。
財務責任者は、商品の質とサービスの向上とコストの削減を同時に実現する革新的な手段を見つけなければならない。

情報責任者は、ＩＴプロジェクトの速やかな構築を行い、誰にでも簡単に使えるようにする新しい手段を見つけなければならない。

いずれにしろ、そうしていかなければ、組織が社会の中で生き延びていけないのと同様、個人も組織の中で生き残れない。

ここで、スウェーデンの経営学の権威、リーデルストラレとノードストレムの言葉を紹介しておこう。

「あなたがやっている仕事のほとんどは、ほかの人にもできる。
あなたの代わりは、いくらでもいる。
そこから、抜け出す道はただ一つ。
誰も見たことのないことをするのだ！
革新を遂げろ！
それが個性を生み、あなただけの武器となる」

あなたの組織の革新度をテストしよう！

「パート1」では、ラテラル・シンキングを身につける方法をご紹介した。「パート2」では、それを踏まえて、主にリーダーの人向けに、イノベーションを起こせるチーム・組織づくりについて解説していく。

それでは、まず、あなたの組織が現在どれくらい革新的なのか評価してみよう。

質問　まったく違う…1点　どちらかといえば違う…2点
　　　どちらかといえばそう…3点　そのとおり…4点

1　メンバー全員が組織のすべての目的と方向性を理解している
2　斬新なアイデアが奨励され、試行されている
3　ブレーンストーミングや創造的な勉強会を頻繁に行っている
4　創造力やイノベーションの訓練を行っている

5 革新的であることが賞賛され、報酬の対象となる
6 ほかの業界のよいアイデアを意識的に模倣し、採用している
7 特定の問題の解決に、異なる部署からチームを任命している
8 問題解決にあたり、たくさんのアイデアを出してからそのうちの一つか二つを試す
9 製品化する前に、新しいアイデアを早急に試すための試作品を頻繁に作成する
10 ある部署で問題に挑んでいるとき、ほかの部署にアイデアや応援を求める
11 今の製品、工程のうち、やめるべき、もしくは変えるべきものを見極めている
12 新しい製品や工程の導入などのイノベーションの達成目標を設定している
13 外部からのアイデアに対し、閉鎖的である
14 失敗を恐れ、多くのリスクを背負うことに逃げ腰である
15 上司のアイデアは絶対的である
16 今日の問題を片づけるのに必死で、先のことについて考える余裕がない
17 新しいアイデアは、予算になければ実行される可能性はほとんどない

前の12の質問はプラスの点数、残りの五つの質問はマイナスの点数となる。

1から12までの質問の得点を合計し、そこから13から17までの質問の得点を差し引いてみよう。その結果が、あなたの組織の革新指数だ。

●33点以上……あなたが働く組織は、イノベーションとコミュニケーションのレベルが高い、先進的な組織である。

●25〜32点……イノベーションのためのよい雰囲気があり、新しいアイデアも歓迎されているが、まだ改善の余地はある。

●18〜24点……平均よりは上回っているが、最高のイノベーションレベルの組織からはかなり劣る。

●11〜17点……平均を下回っており、イノベーションと創造的な問題解決の雰囲気を高めることに努める必要がある。

●5～10点……組織が変化に対処し、新しい状況に適応するのに重大な障壁がある。危険な状態でもあり、大きな改善計画に取り組まなければならない。

●4点以下……変化に対する根深い抵抗があり、新しいアイデアは奨励されず、報いられてもいない。組織が生き残るためには、その体質に長期間の大がかりな改善計画を施さねばならない。

イノベーションに向けた組織づくりというのは、けっして不可能なことではない。ただし、それが優先すべきことだと認識されれば、の話だ。

最初にお話ししたように、組織というものは（人間もそうだが）、放っておけば同じことを繰り返すようになる。既存のやり方の中で改善を重ねていこうとするものだ。変化に抵抗を示すのが常である。

それを歓迎し率先して行う体質に変えることは、経営上の課題としては、もっとも難しいものだろう。しかし、避けることは許されないのだ。

ココナツ長者

ある男が、
ココナツを一ダース五ドルで買い、
一ダース三ドルで売った。
これで彼は百万長者になった。
どうしてか?

↓
答えは261ページ

2
ビジョンをつくって伝える

やらないという選択はない。

——ジョージ・W・ブッシュ

さあ、変わろう！

イノベーションを起こそうとするリーダーがまず直面するのは、現状で満足している大勢の人たちだろう。最初の課題は、彼らにいかにイノベーションの必要性を認識させるかだ。

何度も言うように、マネジャークラスの人というのはたいてい、現在の仕事の効率を上げ、やり方を「改善」させようとするものだ。そうすれば、「もっとうまくできる」ことは明らかだからだ。

たしかに、改善することは大事だが、すべてではない。

たとえば、馬車をどれだけ効率よく改善したところで、自動車が登場すれば市場はなくなる。ガスランプをどんなに改良したとしても、電気照明が出てくれれば時代遅れの代物だ。

ＬＰレコードにどれだけ時間をかけて質を向上させても、いずれＣＤにその座を奪われる運命にある。タイプライターの機能をどれだけ高めようと、ワープロにより市場は一掃される。

つまり、イノベーションは、
効率を圧倒する。

今やっていることの効率を高めることも必要だが、それと同時に、まったく新しい、よりよい手段を探すことが必要なのだ。

リーダーは、チームのメンバーに、今やっていることをよりよくやろうとするだけでは不十分だ、というメッセージを伝えなければならない。今までどおりのやり方では、今までどおりの結果しか出ない。

違う結果を得るためには、違うことをしなければならない。
素晴らしくよい結果を出すには、
素晴らしく優れたやり方を工夫しなければならないのだ。

まず、ビジョンを描く

第二次世界大戦中に、イギリスがナチスドイツ相手に孤立無援で戦っていたさなか、ウィンストン・チャーチルは、現在の苦難が報われることを、「燦然と輝く丘」にたとえてとうとうと語り、国民を鼓舞しつづけた。

みなが進んで、イノベーションを起こしていこうとする組織には、ビジョンがある。つまり、組織の向かう先に、みなが同じ「絵」を見ている。

会社のビジョンをつくるには、図15の四つのことを考える。

これらの四つの要素をもとに、企業の最終的なゴールを示す啓発的な決意表明としてのビジョンを文章にするわけだ。

このとき、ビジョンを表現する言葉は、簡潔でモチベーションの上がるものがいい。よくありがちな、あいまいで月並みな表現は避けよう。

そして、そこに示される会社のゴールは、**社員に、それを達成するための自由な発想を促すもの**であること。難関ではあるけれど、達成可能な夢であることも大切だ。

図15　ビジョンの4要素

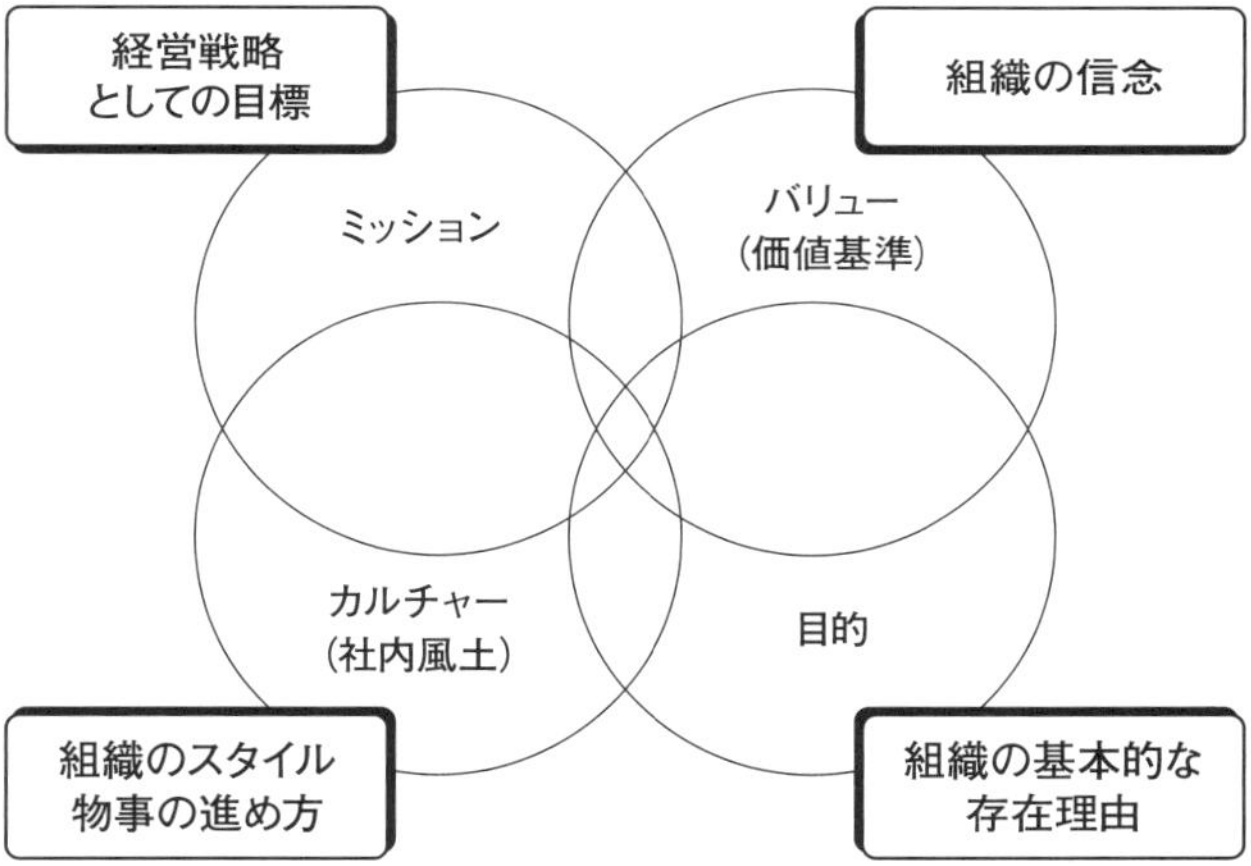

一九六一年、ケネディ大統領が月面着陸の目標を定めた有名な言葉は、次のようなシンプルな一文だった。「わが国は、この六〇年代の間に、人を月面へ送り、地上に帰還させるという目標に取り組むべきだ」。

実に明確なビジョンだ。期限が設定され、課題が投げかけられている。

そして、ご存じのとおり、実際、ビジョンは受け入れられ、目標は実現した。

ビジョンからゴールを立てる

ビジョンが重要なのは、それを基盤にあらゆる計画と方向が決定されるからだ。

図 16　ビジョンからゴールへ

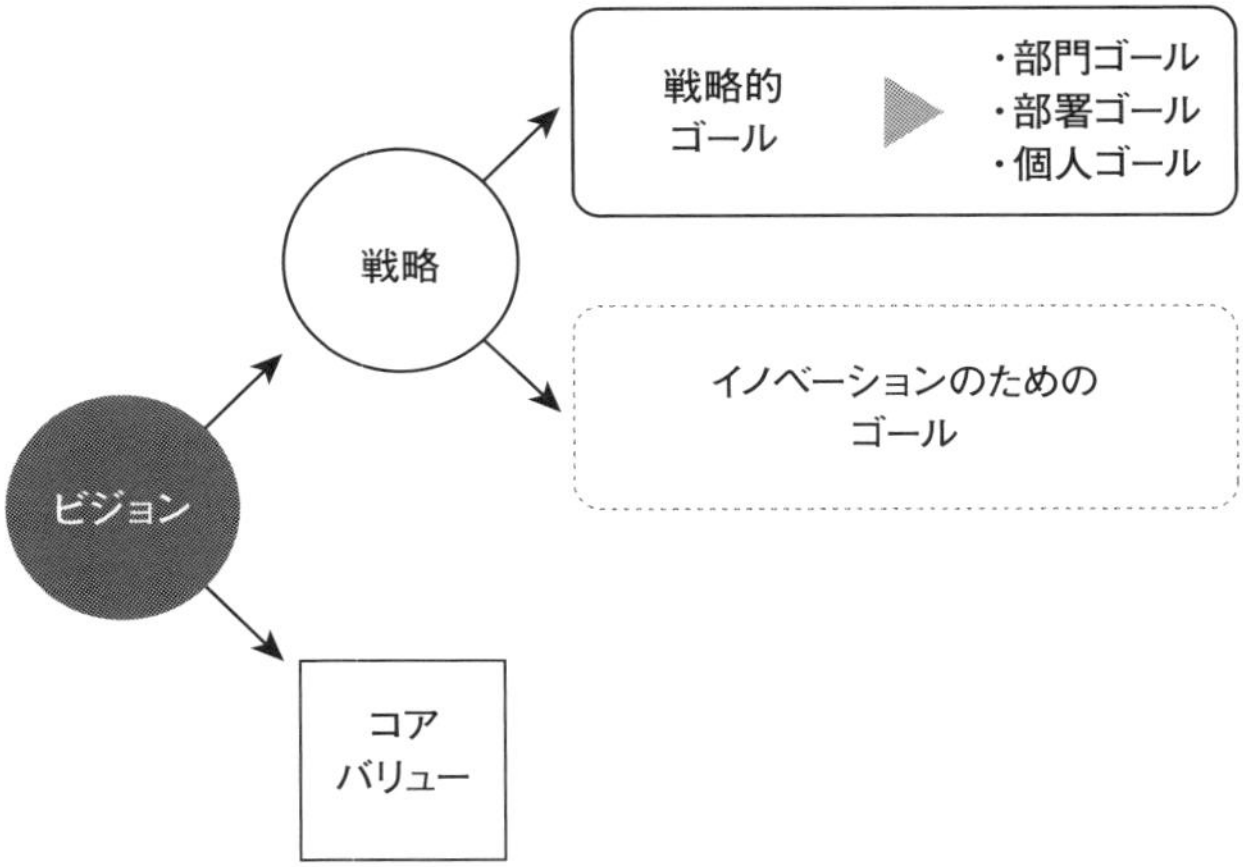

一般にはまず、ビジョンをもとに戦略が決まる。戦略というのは、ビジョンの達成方法を示すもので、比較的長期の数値ゴールを含む。その戦略にしたがって、中・短期の部門ゴール、部署ゴール、個人ゴールが決まってくる。

ここで、明確なビジョンが全社員に示され、メンバーの一人ひとりが自分の部署のゴールと会社全体のビジョンとの関連を十分に理解していれば、自分の果たすべきことがわかり、進んで個人ゴールが設定できるし、途中、思わぬ障害があっても、本来の方向を見失うことなく、自発的にゴールに向かって進んでいくことができる。

既存事業の戦略的ゴールのほかに、**イノベーションのためのゴールも設定しよう。**一般の戦略的ゴールと異なり、到達点を設定するだけで、方法は示さなくてよい。

たとえば、次のようなものになる。

○向こう二年間の製品収入のうち、四〇パーセントを新しい製品ラインからあげる
○新しい市場で二つの事業を行う
○在庫半減のための新しいサプライチェーンの構築と供給コストを二〇パーセント削減
○三件の新規戦略的提携
○人件費の一五パーセント以上削減に向けた全部署での新しい工程の確立

ビジョンを浸透させるためのコミュニケーション

多くの企業のビジョンが、必ずしも社員に共有されていないのはなぜだろう？

それは圧倒的に、それを浸透させるための投資が足りないからだ。何の投資かといった

ら、コミュニケーションだ。すぐれたリーダーは、ビジョンをあらゆる階層の社員に直接語りかけるために、多くの時間を割く。

金融サービスのSEIインベストメントの創設者でありCEOであるアルフレッド・ウエストは、二〇〇二年八月二六日号の「ビジネス・ウィーク」で、次のように語っている。「我々は従業員に対し、会社が目指す方向について多くのことを話している。ビジョンや戦略について十分すぎるくらいコミュニケーションができているし、その姿勢を常に強化している」

どんなに立派なビジョンでも、ただ描くだけでは何も変わらない。

ビジョンは、いつも強化していないと、見る間にかすんでしまう。常に、くっきりはっきりさせておくには、とにかく、コミュニケーションが必要だ。

GEの伝説的CEOジャック・ウェルチは、明確なビジョンを打ち出すことで知られていたが、それを浸透させる方法として、その著書『ジャック・ウェルチ　わが経営』で次のように述べている。

「組織に取り入れさせたいアイデアやメッセージがあるとき、どれだけそれを口にしても満足はできなかった。私はあらゆるミーティングや回顧の場で何回も繰り返し述べた。少しでも多くの人にアイデアを支持してもらうため、『過度に』やることの必要性を常に感じていた」

リーダーは社員を鼓舞し、一人ひとりを十字軍のような起業家に育て、それぞれが成功への革新的なルートを模索していくよう促すのだ。

ウェルチはまた、社内に革新的な風土をつくり上げるうえで、コミュニケーションがいかに重要かを熟知していた。

「すべての社員の心をゲームに引き入れること、それがCEOの仕事の大部分を占める。その秘訣は、それぞれの最高のアイデアを吸い上げ、それを他人に伝えることだ。

私はすべてのよいアイデアを吸収するスポンジであろうとした。これにより、よい手段を探すこと、積極的に新しい知識を分けあうことは、今ではGEの習性となった」

つまり、企業に創造的、革新的風土をもたらしたいと思ったら、社内からできるだけ多くのアイデアを吸い上げ、それを社内で公表するのがいい方法なのだ。

さらに、**リスクを恐れず、新しいアイデアを実行に移した場合、その結果の成否にかかわらず、それを称えることが非常に重要だ。**これによって、リスクをとることが企業の風土の一部であること、失敗を恐れる必要はないことが、社員全体に浸透するからだ。

実際、グーグルでは従業員のアイデアの窓口として社内イントラネットを使用しているし、シェルではメールによる従業員の革新の提案を奨励している。

また、一九九三年にIBMを指揮することになったルー・ガースナーが最初に行ったことの一つが、すべての階級の社員たちに意見や提案をメールで送るよう奨励したことだった。通常の遠まわしなコミュニケーション手段を省いたことにより、彼は短期間のうちに、IBMの発展の妨げとなっていた問題点をつかんだのだった。

ビジョンを設定し、社内に浸透させるためのヒント

▼「何も変えないでいるという選択肢はない」という意識を全員に浸透させる。
▼変化の必要性を伝える。
▼組織が目指すべきゴールを描く。それによる恩恵を視覚化する。
▼組織の士気を高め、牽引するビジョンをつくる。それは柔軟性があり広義のものとする。
▼ビジョンとメッセージ、さらにそこから派生する戦略的目標を伝達する。
▼計測可能なターゲットと期限のついた革新目標を引き出す。
▼ビジョンが正しく理解されていることを確認するため、フィードバックを求める。
▼ビジョンに沿って自身の目標を設定させることにより、社員にこの過程に賛同させる。
▼メールやイントラネットを用いて、双方向コミュニケーションをとる。

靴屋の悩み

とある町に四軒の靴屋があり、
いずれも同じくらいの規模で、
似たような商品をそろえていた。
しかし一店舗だけが、ほかの店と比べて
三倍の盗難被害にあっていた。
これはなぜか？
そして彼らはどんな手を打ったか？

↓
答えは261ページ

3
ビジョン実現への6つのステップ

マイクロソフト社の唯一の資産は、
社員の想像力である。

——フレッド・ムーディ

これから、ビジョンを実現するためのステップを、順を追って紹介する。

当然、それは一人でできることではない。社員の一人ひとりが、いかにビジョンに向かって、創造力と実行力を発揮していくかにかかっている。

ステップ1　権限を与える

まずすべきなのは、権限を与えることだ。それにより、自発的に動き、自分たちで問題を解決し、市場の機会をつかんでいくスタッフを育てることができる。

ただし、これもやり方次第で、かえって逆効果、つまり自信を失わせてしまうことにもなる。いちばんいけないのは「丸投げ」だ。

まず、相手が、自分がいったい何を期待されているかを知るために、明確な目標を示すこと。次に、任務を果たすためのスキルを磨く援助をすることだ。場合によっては、部署の垣根を越えたチームを結成する必要も生じてくるかもしれない。

丸投げの反対で、まかせたと言っておきながら、あれこれと口を出すというのも、よく

図17　ビジョン実現への6つのステップ

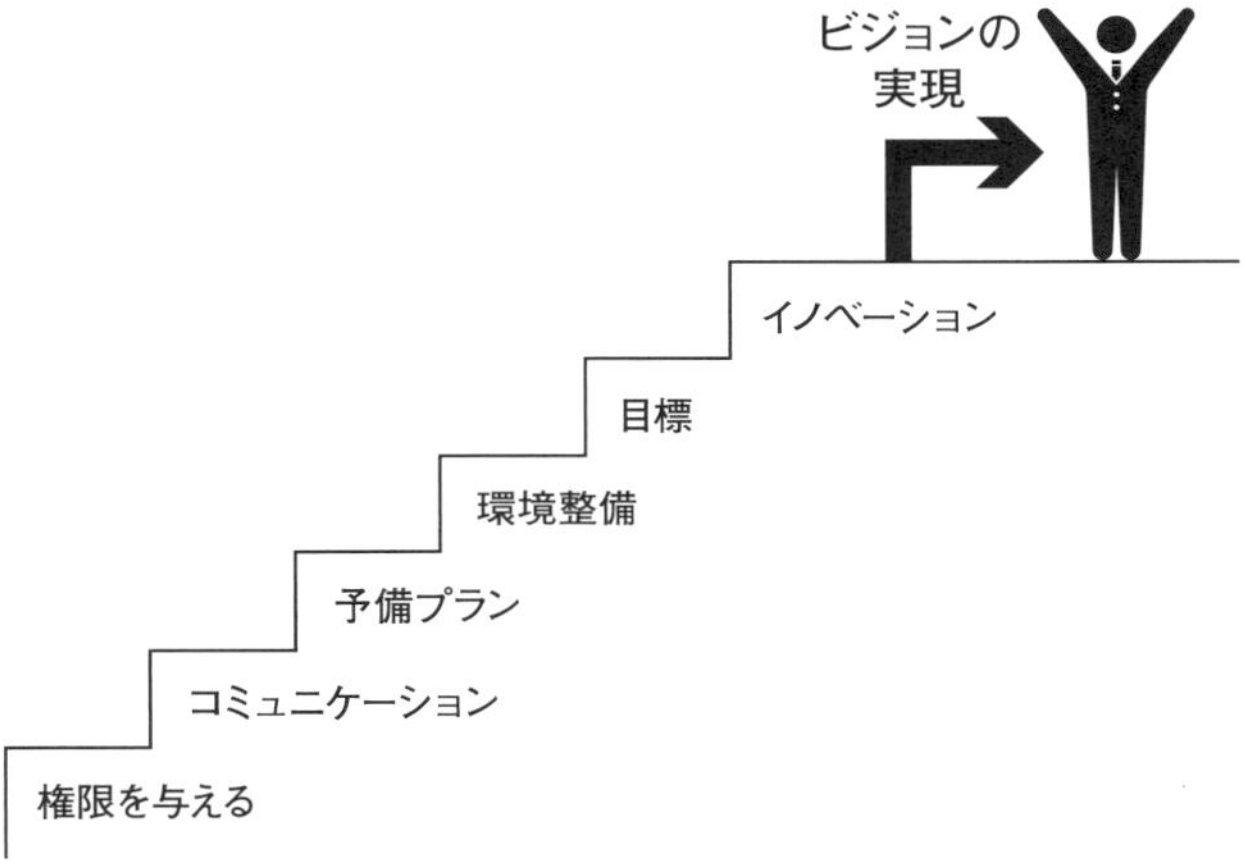

ある失敗の原因だ。このため、自由と責任の範囲についてあらかじめ合意をとっておくこと。**自発的に動くには、成功するための自由と失敗する自由の両方が必要だ。**

最後に、権限を与えるうえでいちばん大切なのは、信用することだ。それが何よりの励ましとなる。もし、問題が起こっても（それは必ず起こる）、上司は、まかせた部下がチームのメンバーと相談しながら、きっと迅速に正しい対応をすると信じて、報告を待つ。

たしかに、これにはリスクが伴う。けれども、見返りとして、以前よりはるかに機敏で、効率のよい、創造的で活動的な組織となるはずだ。

ロジャー・フォン・イークが指摘しているように、創造的な人とそうでない人のいちばんの違いは、「自分が創造的であると思うかどうか」だ。

これは、研究により明らかになっている。

誰もが創造力の資質を備えている。

刺激を与えてそれを解き放つのはリーダーの仕事だ。

ステップ2　コミュニケーションを通じて恐れを減らす

人は誰しも変化を恐れる。変化は心地よいものではない。なぜなら、変化は勝者と敗者を生むからだ。

誰でも、恥ずかしい思いをしたり、失敗したりするかもしれないリスクをあえて冒すより、今の快適な環境にとどまるほうを選ぶのは当然だ。

だから、イノベーションを起こそうとするリーダーは、多くの時間をかけて、メンバーを勇気づける。そのリスクが冒す価値のあるものだということを納得させるのだ。

失敗したらどうしようという恐怖は、人が新しい領域に踏み込むことを妨げるが、実は、**何もしないで、今の場所に踏みとどまることにもリスクがある**のだ。

むしろ、そのほうが危険な選択だ。そのことを納得してもらう必要がある。

このとき重要なのは、リスクを冒すことによって失敗しても、それは価値のある失敗であり、とがめられることはないと保証することだ。もちろん、ここでいうリスクは、無謀なリスクではなく、計算されたリスクのことだ。リスクのある取り組みを始めようとしているスタッフには自由が必要だが、指導や教育を欠いてはいけない。

繰り返しになるが、ここでも大切なのは、コミュニケーションだ。

知識を得た人々は変化を恐れない。ＥＤＳの会長兼ＣＥＯ、ディック・ブラウンの言葉を借りれば、「人々は変化を恐れてはいない。未知の世界に恐れているのだ」。

新しい領域に関する情報、知識が多ければ多いほど、恐れは小さくなるだろう。

ステップ3　予備プランを用意する

リスクは冒すべきだが、それは計算されたものでなければならない。

一九九〇年代中頃、マルコーニ社の取締役会は、それまでの、安泰ではあるけれども、低成長で魅力のない防衛事業から、成長著しい電気通信事業に乗り出すことを決定し、それに社運を託した。

だが、タイミングが最悪だった。事業に参入すると同時に、市場は厳しい不況に陥ったのだ。それは既存の企業にさえ大きな打撃を与えるもので、マルコーニ社のような新規参入企業には到底太刀打ちできないものだった。マルコーニ社は立ち直ることはできなかった。

変化に向けては、計画と準備が非常に重要になってくる。

それは、ラテラル・シンキングをするリーダーにとっても同様だ。考えられる、あらゆることを想定しておこう。

メインとなるプランに加えて、期待どおりの変化が得られなかったときのために予備のプランも用意するべきだ。

マイクロソフトのWindows98は、結果として大きな成功を収めたが、あのとき同社は、うまくいかない可能性のあるあらゆることと、それぞれの処理の仕方を予想して、なんと一〇〇通りのシナリオを用意していたという。

セントアンドリュース大学のギャビン・リード教授は、小型企業の成否における理由の研究の中で次のように述べている。

「Bプランを用意しておくことは、いかなるときも賢明な策であるが、驚くほどの数の起業家はそれを考慮さえしていない」

ステップ4　環境を整備する

ビジョン実現のために次に大切なのは、創造性と起業家スピリッツが発揮されるような環境——リラックスできて、モチベーションとインスピレーションが刺激される環境だ。具体的にどのような雰囲気かは、国民性や組織の風土によっていろいろだが、たいてい、フランクで活発なものだ。人は、地位や部門の壁を越えて、コミュニケーションや連携がとりやすい環境で仕事に熱中するのだ。

これまでは、人はプレッシャーのもとでこそ、クリエイティビティを発揮するといわれてきた。アイデアは、せっぱつまった状況に追い込まれると出てくるというわけだ。けれども、それは事実ではないことが、ハーバードビジネススクールの調査でわかった。一七七人の従業員を対象とする調査で、過酷な締切の設定は、創造力を低下させることが判明したのだ。

ところが、これと同時に、時間的プレッシャーのもとでも、創造的になりうる場合があることもわかった。それは、リーダーが彼らに「使命感」（ミッション）を与えることができた場合だった。

何のためにこれをするのかという目的意識を共有し、結果を出すためには創造的な努力が必要だということがわかっていたときには、時間的プレッシャーがあっても、創造力を発揮し、成果を出すことができたのである。

もちろん、プレッシャーがなければ、アイデアがどんどん出てきて、イノベーションが起こる、というものではない。切迫感のまったくないところでは、人はたやすく「自動操縦」モードに陥ってしまう。

というわけで、調査グループは次のように結論づけた。

最大の成果は、
現実的なゴールと期限のもとで発揮される。

ステップ5　目標に集中する

イノベーションのための目標とプランを立てても、そのとおりに実行されることは、実は驚くほど少ない。というのも、それは「重要」だが「緊急な」課題ではないからだ。はじめこそ強い決意にみなぎっているが、やがて今やらねばならない緊急の課題に気を取られてしまう。

スティーブン・コヴィが、その著書『七つの習慣』で述べているように、ふつうの人は緊急なこと（重要であるかどうかにかかわらず）に重点を置くが、成功する人は緊急ではないが重要なことを重視する。

イノベーションゴールというのは、まさに、「重要ではあるが緊急ではない」ことだ。

緊急事項を優先して長い時間を費やし、緊急ではないが重要な戦略的事項を先延ばしにする誘惑に屈することはいともたやすい。

けれども、成功する人は、緊急の課題については、誰かにまかせたり優先順位をつけたりして、遠い先の大きな見返りとなる戦略的な変化や新しいことに取り組む時間を手に入れているのだ。

さて、仕事の設計の仕方として、つながりのない多くの緊急の仕事で時間を分割するより、一日の大部分を一つの仕事に専念できるようにしたほうがよい。さらに、毎日、創造的な仕事をする時間をつくる。

３Ｍ社では、一週間のうちの一五パーセントの時間を、割り当てられた仕事以外の興味のあるアイデアや新規事業の検討に当てることが会社の方針で決まっている。ヒューレットパッカードも似たような仕組みをもっている。

３Ｍやヒューレットパッカードは、その見返りとして、多数の新しい製品や革新を次々と市場に送り出しているのだ。

ステップ6　イノベーションの技術を使う

イノベーションというのは、一度起こしたらおしまいというものではない。常に、変革を繰り返していくことが、企業が成長していくということだ。したがって実は、ビジョンを実現することがほんとうのゴールなのではない。

その過程を通じて、組織そのものを変革していくこと、それが最終的なゴールだ。つまり組織を、単に仕事をこなすありきたりの集団から、ビジョンの実現に向けて常によりよい新しい手段を求め続ける精力的な起業家チームへと変貌させるのだ。

そのためには、「パート1」で紹介したラテラル・シンキングのスキルをリーダーが身をもって実行していくと同時に、チームの全員に指導していく必要がある。

ビジョンを実現するためのヒント

▼経験や地位に応じて、スタッフに権限を与える。

このとき、一人ひとりに要求するゴールを明確に示し、合意をとること。

▼未知の世界への恐怖、失敗への恐怖を軽減するよう努める。

▼成功に向けた計画をし、同時に失敗への準備もする。

▼クリエイティビティを引き出す職場環境を整える。

▼緊急事項にのみ忙殺されることなく、イノベーションのために立てたゴールに焦点を当て続ける。

▼イノベーションのためのスキルを磨く。

草むらの火事

カリフォルニア州の
ロスアルトスヒルズ郡地域防災委員は、
町の周囲の丘にある草むらの火災についても
大いに頭を悩ませていた。

トラクターで草むらを一掃しようとすれば、
そこで発生する火花で火災を起こしてしまう。
さて、彼らはどうしたか？

↓答えは262ページ

4

ありがちな誤り——創造力を押しつぶす12の悪習

彼は大いに独創性を発揮しますが、
なんとしても抑えるべきでしょう。

——俳優、ピーター・ユスチノフの学生時代の通知表より

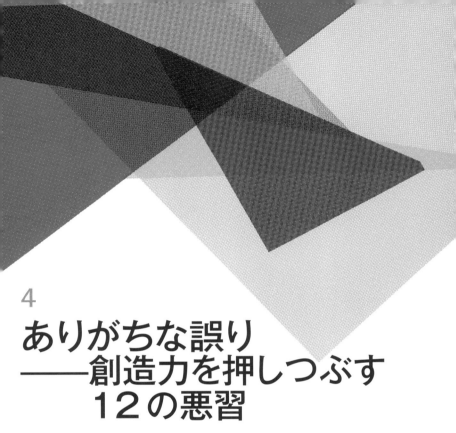

組織にイノベーションを起こすには、リーダーはスタッフの一人ひとりがラテラル・シンキングスキルを身につけ、アイデアが次々に生まれるようにしなければならない。しかし、実際にはそれは難しいことだ。なぜだろうか？

それは、仕事上に多くの悪習があるからだ。

そこで、最後に、スタッフのクリエイティビティをつぶすことにつながりかねない、ありがちな悪習をいくつか紹介しておこう。

悪習1　アイデアを批判する

新しいアイデアを耳にすると、つい批判したり、欠点や不備を指摘したりすることはよくある。経験や知識が増えれば増えるほど、他人のアイデアのあらを探すことがうまくなるものだ。

デッカレコードはビートルズの売り込みを断り、ＩＢＭは後にゼロックスを生むことになったフォトコピーのアイデアを採用しなかった。ＤＥＣは表計算ソフトを受け入れず、

図18　12の悪習を排除せよ！

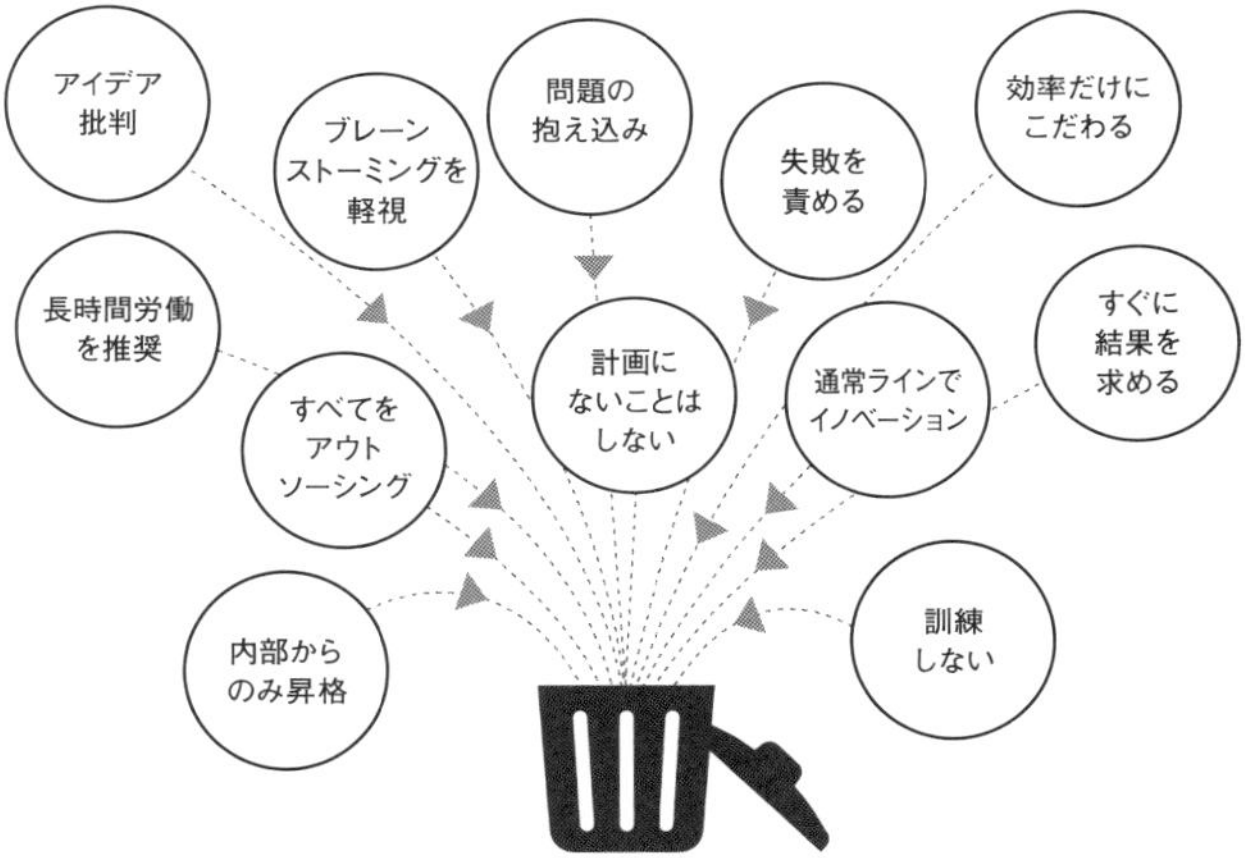

大手出版社はハリーポッター第一作の出版を見送った。

今も、多くの会社で同じようなことが起こっている。新しいアイデアは、未完成なものが多く、十分に考えられていないことが多いため、「だめな」アイデアとしてしまいがちだ。焦点がずれてしまっているものも、脇に置いてしまいがちだ。

だが、だめなアイデアなどない。だめなアイデアはしばしば、よいアイデアを生む。**組織には、だめで、ばかげていて、奇抜なアイデアが必要なのだ。**その中には、イノベーションにつながる考えが含まれているのだから。

また、アイデアを持ち込んでくる人を毎回批判していると、その人はそれ以上提案しなくなってしまう。これでは、新しいアイデアは歓迎されないし、あえて提案すると批判を浴び冷笑される、と言っているようなものだ。

これでは間違いなく、部下のクリエイティビティをつぶしてしまう。

悪習2　ブレーンストーミングを軽視する

ブレーンストーミングは時代遅れだと思われがちだが、うまくやれば新鮮なアイデアを生むし、全スタッフを参加させるのには最高の方法だ。

もし、創造的な解決策を見つけるためのブレーンストーミングがあまり行われていないなら、新しいアイデアが得られるいい機会を逃してしまっている。そればかりか、社員の意見を必要としていないと言っているようなものだ。

ブレーンストーミングは、短時間で活発に行うようにしよう。焦点を明確にし、たくさんのアイデアを出してもらおう。そして、参加者を励まし、アイデアが批判されないことを保証する、熱意ある司会者に仕切ってもらうようにしよう（↓２２６ページ）。

悪習3　問題を抱え込む

取締役や上級管理職は、会社の主要な問題をすべて、責任をもって解決するべきだという固定観念がある。戦略についての問題は、一般社員にはあまりにも複雑すぎて、レベルが高すぎるというのだ。一般社員が、会社が直面している戦略上の課題を少しでも知ってしまい、不安に陥ることを恐れている。

しかし、一般社員は顧客に近いところにいるので、何が起こっているかを鋭く認識している。

彼らを参加させ、解決策を探るのを手助けしてもらえば、アイデアの素がたくさん手に入り、目的意識が共有できる。そうすればよい解決策が見つかるだろう。

社員たちのほうも、上から降りてきたものとちがって、自分が手助けして生まれた試みにはきっと賛同するだろう。

悪習4　効率だけにこだわる

管理職なら、今のビジネスモデルがより機能することにこだわるのは当然だ。すべての過程には改善の余地があるからだ。

しかし、改善することだけにこだわれば、イノベーションの本質である、違ったことに取り組む機会を見逃してしまうおそれがある。

たとえば今、計算尺をつくっているとしよう。いくら効率を上げたとしても、電子計算機が登場してしまったら、もう出番はない。

だから私たちは、効率を上げるのと同時に、顧客に価値をもたらす新しい手段を絶えず探さなければならない。効率にばかりこだわるのは、危険なことなのだ。

悪習5　長時間労働を美とする

効率にこだわることによく関係するのが、長時間に及ぶ過労の文化だ。ここでの誤りは、懸命に働けば、問題が解決するという信念だ。

私たちは、古いやり方で懸命に働くことよりむしろ、違ったやり方で問題を解決する必要に迫られる。だから、より多くの時間をかけて、新しいやり方を探さなければならない。一つの手段にすべての時間をかけていたら、目的への新しい方法を探す時間など見つけられないだろう。

たとえば今、ガスランプをつくっているとしよう。もっと多くのランプをつくろうと一日中働くよりも、電気のことについて学び、電灯を発明する時間をつくるべきなのだ。

私たちの労働には、適度な楽しみと、ラテラル・シンキング、大胆なアイデア、そして新しい取り組みを試す時間が必要なのだ。

悪習6　計画にないことはしない

「計画にないし予算もないから、そのアイデアを試すことはできない」。詳細な計画を立て、それにこだわる会社は、自分をがんじがらめにしているようなものだ。だから、計画を立てた人が思い描いたビジョンからはみ出そうとしない。

しかし、市場とニーズの変化は非常に速く、先週抱いていた考えでさえ、時代遅れになることもある。まして、去年の一二月に立てた計画はどれだけ正確だろう？

会社の計画は、細かい地図ではなく、大まかな指針ぐらいの、ゆるい枠組みであるべきだ。市場の突然の変化や、新しい脅威、チャンスに柔軟で、実験の余地がなければならない。

細かい計画が、クリエイティブでない管理職の隠れみのであってはならないのだ。

悪習7　失敗した人を責める

失敗を非難する風土は、確実に起業家精神に歯止めをかける。革新的なプロジェクトは失敗することが多いが、それでもやる価値はある。やってみなければ、どのアイデアが役に立たなくて、どれが成功しそうか判断できないのだから。

失敗を責められるのを恐れる人が、何か新しいことをできようか？

悪習8　新しい事業にすぐに結果を求める

既存の事業に対して、功績に応じてボーナスを出すのはいいが、新しい事業にそれを当てはめるのはよくない。新しい製品やサービスは、最初の半年ぐらいは、ほとんど収益がなく、目立った貢献もできないかもしれないからだ。

革新的なプロジェクトにあたるチームには、別の報酬制度が必要だ。事前に同意を得たうえで、一定の業績に対して報酬を与えよう。彼らを起業家として扱い、プロジェクトの長期的な成功につながるような報酬を与えるべきなのだ。

悪習9　すべてをアウトソーシングする

コンサルタントは、多くの役に立つスキルをもっている。前提や信念に縛られず、部外者として私たちの仕事を見つめるスキルもそうだ。彼らは、私たちが今まで当たり前だと思っていた物事に目を向けさせてくれる。

新しい手法や製品をつくる責任を、すべて外部のコンサルタントに委ねてしまうことのリスクは、組織内で責任をもつ人がほとんどいなくなってしまうことだ。外部からのアイデアへの敵意や抵抗も出てこよう。

この状態に陥らないためには、コンサルタントをイノベーションへの、あくまでも「仲介人」として用いると同時に、多くの社員をプロジェクトの初期から参加させて、そのアイデアや意見を取り込むことだ。

前線で働く社員は、上級管理職やコンサルタントよりも顧客に近い現場にいる。そして、アイデアをより機能する形にすることができる。

そして、何より彼らは、プロジェクトにかかわれるなら、労力を惜しまないはずだ。

悪習10　内部からのみ昇格させる

内部から昇格させることは、一般的にはよいことだ。よい人材が会社に残るし、社員は忠誠心をもち懸命に働けば見返りがあると考えるからだ。

しかし、**すべての管理職が内部昇格組だったら、みな同じ風土で育ったために、仕事上の欠点や弱点を見つけられなくなってしまう。**部外者の視点で問題を見られなくなるのだ。

結局、「これがここでのやり方だ」という考え方になり、変化や破壊的なアイデアを拒む姿勢に行き着く。

マネジメントチームに新しい血を入れれば、違うやり方が見つけられる。人材を募集するときは、単に会社の型にはまる人だけを探してはいけない。個性的で、まったく異なった視点を組織に大胆に持ち込める人を探そう。

悪習11　通常のラインに革新プロジェクトを委ねる

大きな組織にありがちな誤りは、革新プロジェクトを、通常業務を指揮している現場の管理職に託すことだ。これは致命的だ。

新しい製品やサービスは、傷つきやすい苗木のようなもので、強く育つまでは温室に入れておき、常に気にかけなくてはならない。なのに、ラインの管理職は、目の前のノルマを達成するのに必死で、新しい事業に配慮する余裕はない。

その苗木は、イノベーション・インキュベータとして知られる特別な部署に入れたほうがいい。この部署は独自の目標、長期的な計画のもとに活動することにし、権威ある革新的な指導者によって指揮されることにするのだ。

悪習12 訓練しない

私たちは誰でも、励まされ、やり方を示されれば、もっと創造的になれる。誰にでも子どものような創造力があるのだが、ほとんどの人は、日々の繰り返しの業務により次第に創造的な本能が衰えていく。

誰でも適切な訓練を受けられれば、質問し、ブレーンストーミングし、アイデアを適応させ、組み合わせ、分析するスキルを養うことができる。そして、創造力を再発見できるのだ。

Part 2 のまとめ

●リーダーの役割は、

1　チームにやる気を出させ、意欲を与えることで、

2　組織をさらに機敏で、変化に対して敏感で、革新的なものに高めていくこと。

●そのためには、以下のものを含むビジョンをつくって共有し、組織に浸透させる。

1　ミッション

2　バリュー（価値基準）

3　カルチャー（組織風土）

4　目的

●ビジョン実現へのステップは、

1　権限を与える
2　コミュニケーションを通じて恐れを減らす
3　予備プランを用意する
4　環境を整備する
5　目標に集中する
6　イノベーションの技術を使う

●創造力を押しつぶす一二の悪習に注意する。

1　アイデアを批判する
2　ブレーンストーミングを軽視する
3　問題を抱え込む
4　効率だけにこだわる
5　長時間労働を美とする

6　計画にないことはしない
7　失敗した人を責める
8　新しい事業にすぐに結果を求める
9　すべてをアウトソーシングする
10　内部からのみ昇格させる
11　通常のラインに革新プロジェクトを委ねる
12　訓練しない

付録

1

チームの創造力を高めるゲーム

ここでは、イノベーションを起こす思考、すなわちラテラル・シンキングをチームでトレーニングするのに役立つゲーム（演習）をご紹介していこう。

A● ブレーンストーミング

職場で行う創造力の演習として、最もよく知られているもの。手軽に行えて、効果も高い。さらに効果を高めることを狙ったバリエーションもある。

しかし最近では、ブレーンストーミングに不満を持ち、使わなくなっている組織も多い。彼らの言い分は、時代遅れであまり効果がないというものだ。しかし、その不満が生じるのは、それが正しく行われていないからだ。

以下に、ブレーンストーミングを確実に機能させるための簡単なルールを紹介する。

1 目標を明確にする

ブレーンストーミングの目的は、特定の目標に対し、創造的なアイデアを多く出すことだ。目標は疑問形にするべきだが、あいまいでぼやけた質問はあまり有効ではない。たとえば、「どうやって売上を伸ばすか?」よりも、「どうやって次の一年間の売上を二倍にするか?」としたほうがよい。

しかし、質問の要素があまりにも具体的すぎると、ラテラル・シンキングができなくなってしまう。たとえば、「既存の販路と製品のラインナップで、どうやって売上を二倍にするか?」という質問は限定しすぎだろう。

質問が決まったら、全員からよく見えるところに書き出す。

最初に、生み出すべきアイデアの数と、時間の目標を決めておくとよい。たとえば、「一〇分間で、六〇個のアイデアを出す。そして本当によいもの四つか五つに絞り込む」。

ブレーンストーミングは、通常三〇分から四五分程度が最適だ。人数は六人から一二人程度。人数が少なすぎれば多様なアイデアが出てこないし、逆に多すぎれば全員を参加させ続けることが難しくなる。

2　審判をしない

ばかげたアイデアをどんどん出してもらうためには、誰一人として、批判したり否定したりしてはならない。どんなにばかげていても、全部書き留めること。

アイデアを出す段階で審判してはならないというルールは重要だ。水鉄砲を準備し、批判した人に水をかけるのも手だ。

3　とにかく量を出す

アイデアは多いほどよい。**ブレーンストーミングは、量で質が高くなる**ものだ。ゲームの現場には、大量のばかげたアイデアを生産する活気が欠かせない。まったく使いものにならない奇抜なアイデアが引き金となって、ほかのアイデアが生まれ、画期的な解決策へと至ることもよくある。だから、奇抜なアイデアを求め続けよう。

4　番号をつけて掲示する

それぞれのアイデアには番号をつけよう。そうすることで、アイデアを相互に参照したり、目標を定めたりしやすくなる。「今、六五個のアイデアが出ている。八〇個を目指そう」という具合に。

それぞれのアイデアは、一言や二言程度に短くまとめて書き留めよう。参加者全員に見えるようにするためには、フリップチャートが適している。ページが埋まるごとに、すべてのアイデアが一覧できるように部屋の壁に掲示する。アイデアを分析する段階にきたら、関連するアイデアをすべて同じ色で囲む。

5　分析して選択する

ブレーンストーミングの最終段階は、アイデアの分析だ。よい方法の一つは、全体に目を通し、優先順位をつける方法だ。

それぞれの案を、①有望なもの、②面白いもの、③却下、の三つに分類する。たとえば、①の案にはチェックマークを二つ、②の案には一つ、③の案には×をつければよい。

この作業は、議長の指揮の下に全員で行う。たいていのアイデアについては、意見が一致する場合が多い。意見が分かれたアイデアも、とりあえず②に入れておく。

次の作業として、新たな用紙に、①と②の分類のうち、たとえばマーケティングに関するものをすべて書き込んでいく。さらにほかの用紙には販売に関するもの、という具合に続ける。

このアイデアの再整理作業をすれば、新しい組み合わせや可能性が見つけやすくなる。①にあるアイデアと②にあるアイデアを結合することで、本当に価値のあるアイデアを思いつくことができる。さらに細かな分析をしたければ、後に紹介する「六つの帽子」（↓249ページ）のような方法が使える。

最良のアイデアを選択するほかの手法としては、各自に一〇点ずつ与えて、気に入ったアイデアに対し点数を自由に配分させる方法がある。

一〇個のアイデアに一点ずつ与えてもよいし、一つのアイデアに一〇点与えてもよい。そしてその点数を合計して、一番点数が高いアイデアを選択する。

B● ランダムワード

無作為に選んだ言葉や映像は、ブレーンストーミングに驚くほどの刺激を与える。

辞書をめくって、無作為に単語を選ぶ。そして、その言葉と解決すべき問題を関連づける。さまざまな関連が思い浮かぶことだろう。

たとえば、「人々にもっとバスを使ってもらう方法」が問題だったとする。辞書から無作為に抜き出した言葉は、「サメ」(shark)。そこから引き出されるアイデアは、

○バスチケットで参加できる抽選会の景品として、水族館への無料招待
○バスの利用者を優遇するローン(高利貸し〈loan shark〉より低金利)
○冬季にバスで温かいスープを支給する(そのメニューの一つがフカヒレ)
○バスの車内での快適な音楽(「ウェストサイドストーリー」のシャーク団とジェット団から発想)

なぜ、無作為な言葉が有効なのか？　思考を新しい地点から再出発させ、問題に対し別の方向からアプローチさせるからだ。

人の脳とは怠惰なもの。軽い刺激を与えて、新しい観点から出発させなければ、自然といつもの思考パターンに陥り、いつもどおりの問題解決の方法をとろうとするのだ。

C● 問題を言い換えよう

解決策を考えはじめる前に、多くの形で問題を言い換えてみる。問題に違った光を当てることで、思わぬ解決策がひらめく。

問題を、グループの前のボードに書いておく。全員が、そこで使われている言葉をまったく使わないで、ほかの言い方を考える。

たとえば、「どうやって売上を伸ばすか?」という問題は、「収益を増やす手段は何か?」とか、「なぜ会社は顧客からもっとお金を得られないのか?」と言い換えられる。

各自の言い換えた文章を書き出すと、ブレーンストーミングの引き金になる新しい見方が生まれる。

D● たとえてみよう

効率のよいやり方は、各自の手元の用紙に「問題は○○に似ている」と記入させ、その文章を完成させることだ。類似性にはこだわらなくてよい。正確なたとえでなく感覚的なものでよいが、それぞれが何かを連想させるものでなければならない。

たとえば、問題が「どうやって顧客の消費を増やすことができるか?」であるとする。〇〇の部分には次のような回答が得られる。

「問題は、(子どもに食事を食べさせること) に似ている」
「問題は、(スキーで斜面を登ること) に似ている」
「問題は、(我々のフットボールチームにもっと得点させること) に似ている」
「問題は、(日々もっと多くのタスクをこなすこと) に似ている」

これらの類似点はそれぞれ、個人個人の経験を引き出し、生産的なブレーンストーミングの出発点となる。

E● 問題を逆にしよう

問題を逆に言い換えて、ブレーンストーミングする。たとえば質問が「どうすれば顧客の不満を減らせるか?」だったら、「どうすれば顧客の不満を増やせるか?」と言い換えられる。

ブレーンストーミングの早い段階で出てくるアイデアは、明らかに顧客の反感を買うものだ。しかし進めていくにつれて、組織内ですでに起こりつつあると認識できるアイデアが出てくる。

顧客の不満を高めるアイデアの長いリストが完成したところで、今度は逆に顧客の不満を減らすためにどうすればよいかを見直していく。

F● ルールを破れ

組織にある基本的なルールをリストアップし、意図的にそれを破る。破ってできたルールを踏み台にして新しいアイデアを考える。

たとえば、テレマーケティング部の生産性を改善する方法を探すとする。仕事のルールとして、次のようなことがリストにあがるだろう。

1　電話を使う。
2　電話をかける時間は、午前九時から午前一二時の間と、午後二時から午後五時の間。
3　常に礼儀正しく、プロらしくする。
4　正しくメッセージを伝えるため、念入りに書かれた台本を使う。
5　顧客の獲得数に応じてアポインターに報奨を与える。
6　アポイントの後で、確認状と案内資料を送る。

では、このルールを破ってみよう。

1　顧客と接する手段として、電話以外のものを用いる。
2　早朝や昼食時間、夕方などの一般的な業務時間以外に顧客と接する。
3　無礼でプロらしくしない。

4　アポインターに、自由にしゃべらせる。
5　アポインターが顧客を獲得するごとに罰金を科す。
6　確認状を郵送しない。

これらのアイデアをもとに、どのようにして部署の効率を高めることができるのか？

まず1から3の項目は、ターゲットとする顧客の出社時や帰社時にアプローチする創造的な方法を示唆するだろう。

たとえば、テレマーケティング部のチームがピエロに扮し、電車から降りてくる通勤者に対して、ユーモアがあって辛らつなメッセージで興味を引くという方法だ。

4は、顧客へのメッセージをもっと面白くする方法を示唆する。5は、罰金のアイデアから、見込み客が勧誘に反応しないことの損失を強調する方法が思い浮かぶだろう。6からは、アポイントの確認を特別なウェブサイト上で行ったり、アポイントの日時が強調されたカレンダーを資料に添えて直接渡したりするアイデアが生まれるだろう。

G● 最低の解決策

Eの「問題を逆にしよう」の変形として、本来の質問に対し、最低の解決策を考えるやり方がある。通常のブレーンストーミングの過程で、明らかに使いものにならない、あるいは事態をさらに悪化させるようなひどいアイデアを考える。

悪いアイデアを次々と積み重ねることで、チームの中にユーモアが大量に生み出される。あとでこのたちの悪いアイデアを分析する時点で、それぞれに対し逆の発想をすることで、斬新な問題解決策を示すよいアイデアが生まれる。

H● アイデアカード

問題を提示した後、参加者に二枚ずつカードを配る。参加者は、それぞれに四つから五つまでの単語でアイデアを記入する。カードを集めてシャッフルし、全員に再び二枚ずつ配る。

このときできれば、自分のカードが戻ってこないようにする。参加者は、二つのアイデアを組み合わせて新しいアイデアを創造し発表する。

このゲームを一度行った後、今度は一人につき三枚のカードで、一枚のカードにつき一単語として再度やってみる。シャッフルの後、今度は一人に三枚ずつカードを配り、それをもとに案を考える。

目的の再発見

ブライアン・クレッグとポール・バーチによる、トレーナー向けの書『Instant Creativity』（即席の創造力）で推奨されている手法。

研修の休憩時間に、理由は明かさないで、何か適当なアイテムを持って帰るように指示する。休憩後、アイテムを手にして席に戻ったところで、二つの課題を与える。

参加者は立ち上がって、「そのアイテムがいかに面白いものか」、そして「問題を解決するために、どうそれを利用するか」を熱弁しなければならない。

だいたい、そのアイテムは何の脈絡もない、ダブルクリップやドライヤーのような日常的なものなので、それを持って熱弁をふるうさまはこっけいなことだろう。

しかし聞いている人たちも、一緒になってそのアイテムと問題とを何とか関連づけようとし、やがて新しいアイデアを思いつく。

このゲームは、ユーモアと活力を養い、そして斬新な解決策へのよい足がかりとなる。

J● 包みを回せ

四人から八人で行う。このゲームは、問題に対して違う観点からアプローチし、創造的に考えさせるものだ。

各自が白紙を用意し、冒頭に課題を書き込む。そして、ほかの人と相談することなく、ばかげていて不可能な解決策を一つ書き込む。この段階では理にかなったアイデアは許されず、ばかげていることを条件とする。

そして参加者の全員が、自分の用紙を左の人に渡す。今度は、自分の手元の用紙に書かれたアイデアをもとにして、別の奇抜なアイデアを考える。元になるアイデアと直接関連するものでなくてよいが、それを何らかのきっかけにしなければならない。

そして、再び用紙を左に送る。全員の手元には、二つの奇抜なアイデアが書かれた用紙がある。

今度はそれをもとにして、突飛ではあるが、実行できるアイデア（大胆だが条件が整えば実現可能なアイデア）を考える。用紙は再び回され、そこで参加者はその三つのアイデアに基づき、仲間に提案することを想定して、斬新で実現可能なアイデアを考える。

そして一人ずつ順番に、用紙に書かれた四つのアイデアを発表していく。ところどころで笑い声がどっと沸き起こることだろう。

最後にグループで、それぞれの最終アイデアを分析し、よいものを一つか二つ選択する――あるいは、いくつかのアイデアを組み合わせて最終案を完成させる。

例を挙げよう。問題が、「どうすれば地元の花屋の売上を二倍にできるか？」だったとする。次のような四つのアイデアが、用紙に書かれるかもしれない。

1　女性客を対象として、トム・クルーズに花束を届けさせる。

2　トム・クルーズとニコール・キッドマンに花束を届けさせ、家の前でデュエットさせる。

3　花束を買うすべての人に、ロマンチックなブロードウェイミュージカルの夜を楽しんでもらう。

4　レコード会社と提携し、花束とセットで、ロマンチックなラブソングのＣＤを手ごろな宣伝価格で販売する。

このゲームは楽しいうえに、創造力あふれるアイデアを生みだす。また、一人で静かな作業をしたり、グループでにぎやかに議論したりするので、グループ作業だけの演習が続くなかで、よい変化をもたらしてくれるだろう。

K● サイコロゲーム

四人から一〇人で、新しい製品やサービスをつくる条件として、通常は考えにくい組み合わせを強いることが目的。

二つの対戦チームに分け、別々の部屋で作業させるのがよい。必要な道具は、フリップチャートとサイコロのみ。

課題における三つから四つの特性を選び、それぞれに対し六つずつの選択肢を設ける。たとえば、新しい情報発信をしたいとすると、表のような要素を設定すればよい。

そこでサイコロを四回振る。出目が四、四、二、六。ならば、練り上げるべき計画の条件は、「コンピュータマニアに向けたテレビ番組で、宣伝手段としてダイレクトメールを使い、ファーストフードチェーンをスポンサーあるいは提携相手とする」というものになる。

計画を練る時間が一〇分間与えられ、その後、相手チームと議長に対してプレゼンする。最初は魅力的に見えない組み合わせが、面白い事業案に形成されていくさまには目を見張

表　サイコロの目の設定例

	ターゲット	メディア	宣伝	提携相手
1	母親	新聞	ラジオコマーシャル	地元の病院
2	サイクリスト	雑誌	ダイレクトメール	地元の学校
3	釣り人	ウェブサイト	メルマガ	大手テレビ局
4	コンピュータマニア	テレビ番組	看板広告	フットボールチーム
5	裕福な退職者	メールのニュースレター	電話勧誘	レコード会社
6	外国人観光客	定期購読誌	携帯電話のテキストメッセージ	ファーストフードチェーン

るものがある。

L● ラテラル・シンキングクイズ

このクイズは、疑うスキルと創造するスキルを育てる。チームは、奇妙な事態に対する答えをひねり出さねばならない。人数は五人から一〇人がよい。

チームに分けて対戦形式にすることもできる。その場合は同じ問題を与え、司会者が公平に審判する。ラテラル・シンキングクイズ（水平思考パズル）の書籍として、著者とデス・マクヘールの『ウミガメのスープ』シリーズを強くお勧めする（奇妙さは十分！）。

司会者がクイズを読み上げる。参加者は次々と質問を発する。司会者（答えを知っている）は、それぞれの質問に「イエス」か「ノー」、あるいは「関係ない」と答えることができる。

参加者は多くの質問をする必要があること、また行き詰まったときは新しい方向から問題にアプローチしなければならないことを学ぶ。三〇分後、最も多くの正解を出したチームが勝者。

クイズの例を挙げよう。

「ある女性が新しい靴を買ったために死んだ。なぜか？」。

いく通りもの解釈ができるが、本当の答えを見つけるには、徹底的に質問し、さまざまなアプローチをするしかない。

正解は、「彼女はサーカスの一団で、目隠しをしてナイフを投げる演目の助手だった」というもの。以前より高いヒールの靴を買ったため、命を落とすはめになったのだ。

回答者は、最初はなかなか答えに近づけないが、アイデアがひらめいた時点で一気に道が開ける。一つの考え方に絞られるまで、多くのものが試される。参加者は、創造的な解決策よりむしろ、当たり前の解決策を探しがちだ。

このクイズは、質問する技術、創造力、異なる観点から問題にアプローチする方法を養うよいトレーニングになる。

M● 仮想のライバル

一チーム四人から六人で、二チーム以上で行う。概要はシンプルだ。

莫大な資金力をもつ企業が、あなたの業界に参入することを決意したとする。彼らは競争に勝つために革新的なやり方を取り入れて、あなたの顧客を根こそぎ奪おうとしている。市場での地位をおとしめるために、組織の弱点を攻めることをもいとわない。

そこで、この企業の立場で攻め方を考えてみる。資金は豊富にある。あなたならどうするか？

各チームは、顧客への革新的なルートやよりよいサービス、市場で大きなシェアを獲得する方法についてブレーンストーミングする。

それぞれのチームがアイデアを発表し、司会者が勝者を決める。価格を落としたり、宣伝費をつり上げたりするよりも、革新的なアイデアのほうが価値がある。

そこで生まれた多くのアイデアが、仮想ではなく本当のライバルが現れる前に、至急検討するべきものなのは言うまでもない。

N● もしもクイズ

「もしもクイズ」では、課題のあらゆる側面が「もしも……なら」という質問で問われる。質問はばかげているほどよい。

たとえば、課題が「渋滞を緩和するため、自動車の使用を減らし、公共交通機関の利用を増やすには？」というものだとする。

質問の例としては、次のようなものが考えられる。

○もしも、渋滞が今の一〇倍になったらどうなるか？
○もしも、誰も車に乗ることが許されなくなったらどうなるか？
○もしも、公共交通機関が無料だったらどうなるか？
○もしも、公共交通機関が玄関から目的地まで運んでくれたらどうなるか？
○もしも、人が空を飛べたらどうなるか？
○もしも、すべての交通事故と、それによる死傷者を防ぐことができたらどうなるか？
○もしも、最低制限速度があったらどうなるか？

それぞれの質問によってアイデアが促され、その課題の前提となっているルールが試される。

○●　遠隔建築ゲーム

このゲームは、正確な質問の技術を養うためのよいトレーニングである。参加者は二人一組に分かれる。

各組の一人に家の写真が渡される。もう一人は、その写真を見ないで家の姿について質問し、その答えをもとに絵を描く。

答える側は、質問に対して正確に答えなければならないが、自ら情報を提供したり、相手が描いている絵を見て何らかのコメントをしたりしてはならない。

作業時間は五分間とし、時間がきたら描いた絵と元の写真とを比較して、ペアの二人で自身のコミュニケーションの過程について振り返る。その後、二人は役目を交代して、別の写真で再度試みる。

通常のゲームでは、質問する側は、自由回答方式の質問（例、「屋根の形を説明してください」）と択一式の質問（例、「ドアは正面の中央にありますか？」）のどちらも使える。このルールを変更してゲームを行ってもよい。たとえば、「自由回答方式の質問は二つまでで、残りは択一式の質問でなければならない」とか、「択一式の質問しか使えない」などとする。

このゲームは巧妙にできていて、正しい質問をすることと、前提を疑うことの重要性を教えてくれる。

また、全体の印象をつかむためには自由回答方式の質問ではじめることが有効であり、細部を正確に確定させるのには択一式の質問が有効であることを学ばせる。

P● 六つの帽子

「六つの帽子」は、エドワード・デ・ボーノが考案した秀逸な提案分析手法。これは、閣議の場から陪審員室に至るまで、さまざまな場面で使うことができる。特に、革新的で刺激的なアイデアを評価するのに有効だ。

デ・ボーノが指摘するように、私たちの思考は敵対的であることが多い。A氏がアイデアを提案すると、B氏はそれを批判して切り崩す。法廷での検察側と弁護側、議会での政府と野党の関係がその典型だ。

問題は、ビジネスの会議で、敵対的思考が定着して会議が政治化することだ。

たとえば、営業部長はマーケティング部長のアイデアという理由でそれに反対する。双方の派閥が、自分の地位を固めるために意固地さを増していく。その部下たちも、自分の上司が進めるアイデアを批判できなくなる。

「六つの帽子」の手法は、すべての人に並行して考えさせることで、この困難を打ち破る。彼らはそれぞれの帽子をかぶっている間、一定のやり方で同時に考えなければならない。以下に、この手法の進め方を述べる。提案が発表され、全員が次の六つの帽子を順番にかぶっていく。

1　**白い帽子**　これは「情報」の帽子。人々は、提案を分析するためにさらに情報やデータを求めることができる。

2　**赤い帽子**　「感情」を表す帽子。人々はこの提案にどんな感情を抱いているかを語らなければならない。たとえば、このアイデアに恐怖を抱いていると言う人もいるかもしれないし、興奮していると言う人もいるかもしれない。

3　**黄色い帽子**　「楽観主義」の帽子。全員が順番にこの提案のよい点を述べていく。たとえこのアイデアに強い嫌悪を抱いていても、それを補う長所を見つけなければならない。

4　**黒い帽子**　「悲観主義」の帽子。全員が問題の欠点を探す。たとえそれが自分のアイデアで、非常に自慢できるものであっても、その難点やデメリットを指摘しなければならない。

5　緑の帽子　「成長と可能性」の帽子。全員が、アイデアをさらに機能させるために、改良する方法を提案する。

6　青い帽子　「プロセス」の帽子。演習がうまくいっているかどうかをチェックする。その手法を最も効率的なやり方で使っているかについて議論する。

通常の場合、青い帽子の時間はかなり短く、白い帽子や赤い帽子はそれよりは少し長い程度だろう。そして、多くの時間が黄色や黒や緑の帽子で費やされる。

それぞれの帽子の間を行ったり来たりしてもよいが、**重要なルールは、全員が同時に同じ帽子をかぶることだ。**

色のついたカードを提示したり、色つきのサイコロを転がしたりして、今どの帽子をかぶるべきか示し、全員が参加していることを確かめる議長がいたほうがよい。

黄色い帽子で協議する時間に、黒い帽子をかぶっている人がいたら、議長はそれを改めさせなければならない。

この手法はシンプルで実行しやすく、提案を迅速かつ生産的に分析するうえで極めて効率的だ。この手法を取り入れたい人には、これを主題とするデ・ボーノの『六つの帽子思考法』をお勧めする。

Q● 物語リレー

これは創造力のトレーニングで、チームの参加者が順番に一つの物語をつなげていく。この際、前の人が作成したストーリーに批判や評価をすることなく、一定の速度で進めなければならない。

物語はあらぬ方向へ突き進んでいくかもしれないが、発言者はみなそれまでのストーリーに従わなければならない。物語はこんなふうに始まる。

「テリーという変わり者の科学者が、夜遅く研究室で働いていた」

「突然、窓が開いて風が吹きこみ、稲妻がテーブルを直撃した」

「薬品や材料があちこちで爆発した」

「次の朝、助手がやってくると、焼け焦げて呆然とたたずむテリーの姿があった」

「そのとき、彼の背後でヒューという不思議な音がした」

「突然、テリーは飛び上がった」

「『とうとう見つけた』。彼は叫んだ！」


このゲームは、いつもの仕事の思考過程に陥っている参加者を、創造的でリラックスした状態にさせるよい刺激となる。楽しめるし、研修の合間や昼食後に活気が与えられる。

R●　一〇ポンドの予算

このゲームは、よいアイデアをたくさん抱えていて、最も有望なものを速やかに選び出したいときに行う。

各自に一〇ポンド（たとえば千円でもよい）ずつ与えたとする。各自はそれを気に入ったアイデアに配分できる。一〇個のアイデアに一ポンドずつ配分してもよいし、一つのアイデアに一〇ポンド与えてもよい。

また、二つ以上のアイデアを組み合わせてそれに配分してもよい。ただし、一ポンド以下の端数を与えることはできない。


参加者は、数分間のうちに、他人と協議することなくこの選択の作業を行う。資金の分配が終われば、それを集計する。最も資金の集まったプロジェクトが採用される。

S● 今夜のテレビは?

このゲームでは、課題を設定し、今夜の番組が載ったテレビ番組表を用意する。課題をテレビ番組の登場人物の目を通して見て、彼らの反応や解決策を想像して議論する。

たとえば課題が、「美術館にどうやって客を呼ぶか」だったとする。そして、今夜のテレビ番組の中から、

○「フレンズ」

○「フレイジャー」

○サメに関する野生動物番組

○マイケル・ジャクソンのインタビュー

が選ばれた。

チームはまず、「フレンズ」の登場人物が、どうやってその課題に取り組むかを議論する。さまざまな出演者の役や人格になりきってみる。美術館に少年をひきつける男性的なアイデアが、ジョーイやチャンドラーから提案されるかもしれない。そして、女性陣がそれに意見を挟み、洗練していく。

次は、「フレイジャー」になり変わる。その独特のやり方でどんなアプローチをするだろうか？　フレイジャーと、歯に衣着せぬ父親との、架空のやり取りが演じられるかもしれない。

その次は、自然主義者（サメでもかまわない）の出番だ。

最後に、マイケル・ジャクソンやインタビュアーがどのように問題に対峙し、どんな解決策を提案するか考える。

ゲームの目的は、さまざまなジャンルのテレビ番組の、おなじみの登場人物になりきることで異なったアプローチを探ることだ。

シリアスな番組やお笑い、メロドラマやドキュメンタリーなどとの面白い組み合わせが、さまざまなアイデアや提案を引き出すきっかけとなる。

2

ラテラル・シンキングクイズの答え

クイズ１（16ページ）

旧友に車の鍵を預け、老婦人を病院に運んでもらうよう依頼する。それをバス停で待ちながら、理想の異性と過ごすのがベストな選択だ！

クイズ２（46ページ）

当局は、パルテノン神殿と同じ場所でとれる大理石のかけらを、毎日遺跡の各所にばらまいた。観光客はそれを円柱のかけらと思い込んで満足したのだ。

クイズ３（62ページ）

マーケティング部長は、電話会社に電話を入れて、間違えた電話番号を買い取った。その回線がコールセンターに接続されたので、ダイレクトメールはそのまま発送された。

クイズ４（76ページ）

教師は視察の前に、答えがわからないときや自信がないときは左手を挙げて、答えに自信があるときは右手を挙げるよう生徒に指導した。教師は右手を挙げている生徒だけを当てたのだ。教育長は正答率の高さに大いに感動した。

クイズ5（86ページ）

彼はまず八〇〇人の資産家に対して、そのうちの半分に、IBM株が来週上がると予想し、残りの半分に、下がると予想した。株は値下がりし、彼は正しい予想をしたほうの四〇〇人に対象を絞る。

そしてそのうちの二〇〇人に対し、次の週にGE株が上がると予想し、残りの二〇〇人に下がると予想した。彼はこのことを二五人が残るまで繰り返した。

その二五人にとっては、五回連続で予想が的中している！　彼はその資産家たちに接触し、手持ちの株の一部を預けてくれるように説得したのだ。

クイズ6（96ページ）

答えは「ヘアドライヤー」と「芝刈り機」と「ジャッキ」。答えが一つのものだと決めつけてはならない（ちなみに、これらを組み合わせたら、どんなものができるだろう？）。

クイズ7（114ページ）

この風習はもともと、勘定のたびに必ず店員にレジを開けさせ、おつりを渡させることを意図していた。これは売上を記録し、店員が着服するのを防ぐためのものだ。

クイズ8（124ページ）

もともとは単なる間違いだったのだが、それを指摘するために多くの人が店に入ってくるので、結果として店の利益に貢献しているのだ。

クイズ9（138ページ）

技術者は、電球のねじが締まる方向を通常の右回り（時計回り）から、左回り（反時計回り）に変えたのだった。つまり、泥棒が電球を外そうとすると、ますます締まるという計算だ。

クイズ10（150ページ）

彼はテントの丈夫な素材をカットし、ズボンをつくって採鉱者に売ったのだった。彼の名はリーバイ・ストラウス。市場の状況に適応し、イノベーションを起こすことで、今日まで続くブランドが生まれたのだ。

クイズ11（１６８ページ）

フリードリンクをなくして得られた二つ目の利益は、トイレを一つ減らすことができたこと（需要が減ったため）。その結果、座席を増やすことができたのだ。

クイズ12（カバーの裏、１８０ページ）

その男は慈善家で、大量のココナツを購入して貧しい人々に安く売っていたのだった。もともと億万長者だった彼は、そのボランティア活動で多くのお金を失い、百万長者になった。

「百万長者になること」とは、それだけ稼ぐことという思い込みが、まさに問題解決を妨げるのだ！

クイズ13（１９２ページ）

四軒の靴屋はいずれも、靴の片側を店の表に陳列していた。一軒だけが左の靴を置き、残りの三軒は右の靴を置いていた。

泥棒は陳列の靴を盗んでいたのだが、両足の分を揃えなければならず、それで左の靴を置いている店だけがより多くの被害にあっていたのだ。その店が陳列を右の靴に入れ替えることで、盗難は著しく減少した。

クイズ14（206ページ）

彼らは、大量のヤギを買って（または借りて）山の斜面に放牧した。ヤギが草木を食べてくれたおかげで、人が登れないような急斜面に至るまで草むらの成長が抑えられ、火事は著しく減少した。

ラテラル・シンキング入門

発想を水平に広げる

発行日　2019年5月25日　第1刷
2019年7月5日　第2刷

Author　ポール・スローン
Translator　ディスカヴァー編集部
翻訳協力:高田浩行　(株)トランネット　www.trannet.co.jp
Book Designer　秦 浩司(hatagram)

Publication　株式会社ディスカヴァー・トゥエンティワン
〒102-0093　東京都千代田区平河町2-16-1 平河町森タワー11F
TEL 03-3237-8321(代表)　03-3237-8345(営業)
FAX 03-3237-8323
http://www.d21.co.jp

Publisher　干場弓子
Editor　干場弓子+三谷祐一

Marketing Group
Staff　清水達也　飯田智樹　佐藤昌幸　谷口奈緒美　蛯原昇　安永智洋
古矢薫　鍋田匠伴　佐竹祐哉　梅本翔太　榊原僚　廣内悠理
橋本莉奈　川島理　庄司知世　小木曽礼丈　越野志絵良　佐々木玲奈
高橋雛乃　佐藤淳基　志摩晃司　井上竜之介　小山怜那　斎藤悠人
三角真穂　宮田有利子

Productive Group
Staff　藤田浩芳　千葉正幸　原典宏　林秀樹　大山聡子　大竹朝子
堀部直人　林拓馬　松石悠　木下智尋　渡辺基志　安永姫菜　谷中卓

Digital Group
Staff　伊東佑真　岡本典子　三輪真也　西川なつか　高良彰子　牧野類
倉田華　伊藤光太郎　阿奈美佳　早水真吾　榎本貴子　中澤泰宏

Global & Public Relations Group
Staff　郭迪　田中亜紀　杉田彰子　奥田千晶　連苑如　施華琴

Operations & Management & Accounting Group
Staff　小関勝則　松原史与志　山中麻吏　小田孝文　福永友紀　井筒浩
小田木もも　池田望　福田章平　石光まゆ子

Assistant Staff　俵敬子　町田加奈子　丸山香織　井澤徳子　藤井多穂子　藤井かおり
葛目美枝子　伊藤香　鈴木洋子　石橋佐知子　伊藤由美　畑野衣見
宮崎陽子　並木楓　倉次みのり

Proofreader　株式会社鷗来堂
DTP　アーティザンカンパニー株式会社
Printing　中央精版印刷株式会社

ISBN978-4-7993-2472-1　